守护生活的民法典 四

解决身边的法律问题

福建旭丰律师事务所
FM99.6 厦门综合广播《新闻招手停》 联合出品

陈清华
方凡佳 主编

法律出版社
LAW PRESS · CHINA

北京

图书在版编目（CIP）数据

守护生活的民法典：解决身边的法律问题. 四 / 陈清华，方凡佳主编. -- 北京：法律出版社，2025.
ISBN 978 -7 -5244 -0225 -1

Ⅰ. D923.04

中国国家版本馆 CIP 数据核字第 20257XQ484 号

守护生活的民法典(四)
——解决身边的法律问题
SHOUHU SHENGHUO DE MINFADIAN (SI)
—JIEJUE SHENBIAN DE FALÜ WENTI

陈清华　方凡佳　主编

策划编辑 朱海波
责任编辑 朱海波
装帧设计 鲍龙卉

出版发行 法律出版社
编辑统筹 法律应用出版分社
责任校对 蒋　橙
责任印制 刘晓伟
经　　销 新华书店

开本 A5
印张 11.875　**字数** 220 千
版本 2025 年 5 月第 1 版
印次 2025 年 5 月第 1 次印刷
印刷 保定市中画美凯印刷有限公司

地址：北京市丰台区莲花池西里 7 号(100073)
网址：www.lawpress.com.cn
投稿邮箱：info@lawpress.com.cn
举报盗版邮箱：jbwq@lawpress.com.cn
销售电话：010-83938349
客服电话：010-83938350
咨询电话：010-63939796

书号：ISBN 978 -7 -5244 -0225 -1　**定价**：58.00 元

凡购买本社图书，如有印装错误，我社负责退换。电话：010-83938349

守护生活的民法典

编委会

（按汉语拼音顺序排序）

CONTENTS

目 录

Part ONE

第一编 综合

Part TWO

第二编 婚姻家庭、继承

Part THREE
第三编 房产、物业

Part FOUR
第四编 合同

Part FIVE

第五编 侵权

Part SIX
第六编 劳动

Part One

第一编 综合

1

001

“典”亮生活与法同行——民法典颁布四周年专题

FM99.6 厦门综合广播《新闻招手停》第 147 期

主持人:海蕾

主讲人:方凡佳律师[1]、朱姝宣实习律师[2]

---

① 方凡佳律师,厦门大学法学院民商法学硕士;福建旭丰律师事务所高级合伙人、党总支委员、民事专业委员会主任;入选省市两级优秀青年律师人才库;厦门市中级人民法院调解员;厦门大学法学院兼职讲师;福建省律师协会首批专业评定律师;内地—香港联合调解中心国际专业调解员。

② 朱姝宣实习律师,法学学士,律师助理,三年法官助理经验,专注领域为民商事争议解决、金融案件、票据与保险纠纷。

热点问题发现

探寻社会中关注度高的热点问题

1. 不能办理产权的车位如何确定归属？
2. 共同居住行为代表享有居住权吗？
3. 如何就扩大的损失请求赔偿？
4. 借条与收条，傻傻分不清
5. 彩礼返还，以未结婚为前提吗？
6.《民法典》关于遗嘱形式和遗嘱效力上有哪些变化？
7. App 上的隐私政策是否有违个人信息保护？

常见问题解答

一问一答为常见法律问题提供指南

问 没有办理产权登记的小区地面车位的所有权归属如何确定？

答 地面车位上并无建筑物，其本质上属于土地使用权。若已建成的地面车位不属于能够办理产权登记手续成为特定业主所有权的客体范畴，则在小区建设完成之后，随着小区内房屋的出售，小区建筑区划内的土地使用权也随之转移，小区共有部分的土地使用权归小区业主共有，因此，该等地面车位的使用权也归属小区业主共有。

问 共同居住行为代表享有居住权吗？

答 不代表。法律上的“居住权”是指在他人住宅上为特定自然人生活需要而设定的对该住宅享有的占有、使用的权利。《民法典》规定了居住权的三种设立方式：一是根据合同；二是根据遗嘱；三是根据法院判决。该权利需要依法办理登记确立，居住权一经登记，权利人在权利期限内即对房屋享有排他性的权利。

问 合同纠纷中，如何主张损失赔偿？

答 当事人一方违约后，守约方可就已采取了适当措施的损失部分请求赔偿；没有采取适当措施致使损失扩大的，不得就扩大的损失请求赔偿。

问 “借条”“收条”“欠条”的含义是否一样？

答 三者代表的法律含义不相同，“借条”代表借款合同关系，是借款人向出借人开具的借款凭证；“收条”是收到财物时接收人开具的证明这一交付事实的凭证，通常不会单独产生债权债务关系；“欠条”是对以往双方经济往来的一种结算凭证，产生原因多样。

问 彩礼返还，以未结婚为前提吗？

答 已办理结婚登记且共同生活的在双方离婚时一般不予返还彩礼，未办理结婚登记的原则上应当返还彩礼。但是否返还以及返还的具体比例仍需根据具体情况进行分析。

问《民法典》对于遗嘱形式和遗嘱效力上有什么变化？

答《民法典》新增了“打印遗嘱”和“录音录像遗嘱”两种遗嘱方式；同时删除了公证遗嘱的效力优先规则，以设立时间最晚的有效遗嘱为准，但公证遗嘱仍有较强的不可替代性。

问 App上的隐私政策是否有违个人信息保护？

答 一般情况下，合法合规的App隐私政策会遵循相关法律法规，保障用户的知情权、选择权和信息安全，但也存在一些App存在隐私不合规的情况，需要具体分析其内容是否符合相关法律法规的要求。

典型案例分析

以案说法为纠纷处理提供具体的参考

案件名称：潘某燕、通化市蔬菜批发市场有限责任公司等返还原物纠纷

案号：(2021)吉民申5141号

审理法院：吉林省高级人民法院

案例来源：中国裁判文书网

基本案情 通化市山城宾馆于1985年分配给潘某一处房屋，位于案涉房屋所在楼房一楼，潘某弟弟、侄孙女潘某燕搬入共同居住；后三人因

故搬到案涉二楼房屋。1998 年潘某去世,潘某燕继续居住在该房屋内。案涉房屋所在楼房的 2 至 4 层在 20 世纪 80 年代已经置换给了通化蔬菜批发公司,现通化蔬菜批发公司要求潘某燕腾迁、交还房屋。潘某燕主张,其从 1996 年起即申请办理房改手续,非个人原因导致未能房改,潘某燕作为共居人有权继续居住在此。

法院观点 因案涉楼房 2 至 4 层一直未进行房改,过世的潘某对案涉房屋仅有权居住,并未取得所有权。潘某燕是基于护理潘某而共同居住于案涉房屋之中,并非案涉房屋的居住权人,因此通化蔬菜批发公司有权要求潘某燕腾迁、交还房屋。

裁判结果 驳回潘某燕的再审申请。

律师分析 设立居住权需保存好相应的合同或遗嘱等材料,并及时向登记部门申请办理居住权登记。同时,因居住权并未完全限制房屋所有权人对房屋进行出售、抵押,建议大家购买二手房、办理抵押担保、诉讼、租赁房屋时,先到不动产登记部门查询房产上是否设有他人的居住权,并查看居住权的期限。

典型案例分析

以案说法为纠纷处理提供具体的参考

案件名称：陈某与吴某民间借贷纠纷案

案例来源：山东省高级人民法院微信公众号发布的鲁法案例〔2024〕192号

基本案情 原告陈某与被告吴某为同村村民，2020年吴某因资金周转需要向陈某借钱，借款到期吴某未按时还款，催要未果后，陈某将吴某诉至荣成法院索要借款。陈某提交了两张合计为6.5万元的借条和一张收条，收条内容为“收条今借人民币陆万伍仟圆整2020.3.4”，由吴某签字。陈某主张吴某借款的金额为13万元；而吴某则主张借款金额为6.5万元，辩称最后一张收条指的是收到两张借条共计6.5万元，而非一笔新的借款。

法院观点 对于“6.5万元收条”，陈某主张现金交付，但从双方的交易往来看，现金交付6.5万元不符合双方交易习惯，且陈某主要以务农为生，未能举证证明大额现金来源及具备出借大额现金的能力，仅凭收条无法认定其向吴某出借6.5万元现金的事实。

裁判结果 对于陈某所称的“6.5万元收条”为新借款的主张予以驳回。

律师分析 向他人出借款项时，一定做到“有约在先”，出具规范的借条，并保存转账记录等凭证。

典型案例分析

以案说法为纠纷处理提供具体的参考

案件名称：刘某与朱某婚约财产纠纷案

案例来源：人民法院报发布的人民法院涉彩礼纠纷典型案例

基本案情 刘某与朱某(女)2020年7月确立恋爱关系,2020年9月登记结婚。刘某于结婚当月向朱某银行账户转账一笔80万元并附言为“彩礼”,转账一笔26万元并附言为“五金”。双方分别在不同省份的城市工作生活。后因筹备举办婚礼等事宜发生纠纷,双方于2020年11月协议离婚,婚姻关系存续不到3个月。婚后未生育子女,无共同财产,无共同债权债务。双方曾短暂同居,并因筹备婚宴、拍婚纱照、共同旅游、亲友相互往来等发生部分费用。离婚后,因彩礼返还问题发生争议,刘某起诉请求朱某返还彩礼106万元。

法院观点 彩礼是男女双方在缔结婚姻时一方依据习俗向另一方给付的钱物。关于案涉款项的性质,除已明确注明为彩礼的80万元款项外,备注为“五金”的26万元亦符合婚礼习俗中对于彩礼的一般认知,也应当认定为彩礼。关于共同生活的认定，双方虽然已经办理结婚登记，但双方仍处在按照习俗举办婚礼仪式的过程中，双方虽有短暂同居经历，但尚未形成完整的家庭共同体和稳定的生活状态，不能认定为已经有稳定的共同生活。鉴于双方已经登记结婚，且刘某支付彩礼后双方有共同开销的情况，对该部分费用予以扣减。

裁判结果 酌情认定返还彩礼 80 万元。

律师分析 给付彩礼是以婚姻为目的的赠与，该目的包含结婚登记、共同生活等多项因素。法院在审理涉彩礼纠纷案件中，可以根据一方给付财物的目的，综合考虑双方当地习俗、给付的时间和方式、财物价值、给付人及接收人等事实，认定彩礼范围。

典型案例分析

以案说法为纠纷处理提供具体的参考

案件名称：马某与某词典 App 网络侵权纠纷

审理法院：北京市第四中级人民法院

案例来源：北京四中院发布的网络侵权类案件司法审查十大典型案例

基本案情 A 公司是某词典 App 的开发者和运营者。马某是该 App 的用户,马某在初次使用时发现自己打开涉案词典后,会默认选择同意"已阅读并同意服务条款和隐私政策"。若马某取消同意,便无法使用涉案词典,该 App 明显存在强迫用户同意《服务条款》《隐私政策》的情形。当马某注册使用一段时间后想停用该 App 时,发现无处可以撤回允许该 App 处理其信息的同意。于是,马某将 App 运营者诉至法院。

法院观点 涉案词典属于具有词典翻译功能的实用工具类 App,根据其基本服务业务功能,应当适用无须个人信息即可使用的规定。其在用户拒绝同意《服务协议》和《隐私政策》的情况下直接作出不提供基本查词服务的行为,应属于对基本业务的拒绝。且涉案 App 的《隐私政策》被默认勾选"同意",并未让马某主动、自愿作出同意的选择,不符合法律对"自愿""明确"的要求,已经涉嫌违法。

裁判结果 判决 A 公司立即删除收集的马某的手机号码、密码、设备信息、用户日志。

律师分析 网络服务提供者所收集的用户信息类型,应当与产品或服务的功能紧密相关,且绝不能超出合理范畴。在注册 App 时,用户理应养成仔细浏览用户协议以及隐私保护协议的良好习惯,尤其要重点关注协议中以加粗加黑等特殊形式呈现的内容，以此全面了解 App 收集个人信息的具体范围。一旦发现 App 存在侵犯公民个人信息以及隐私权的情况，用户可通过投诉、举报或者诉讼等途径，切实维护自身的合法权益。

002

欢度春节，你不得不知道的法律知识

FM99.6 厦门综合广播《新闻招手停》第 133 期

主持人：海蕾

主讲人：马轶琳律师[①]、师利玲律师[②]

热点问题发现

探寻社会中关注度高的热点问题

1. 绩效考核与年终奖的区别是什么？

2. 年休假休与不休？

---

① 马轶琳律师，获福建省律协评为公司法专业律师，厦门市律师协会企业合规专业委员会委员，厦门市知识产权协会特邀调解员，专注领域为争议解决、企业合规等民商事法律事务。

② 师利玲律师，福建旭丰律师事务所律师，厦门大学法律硕士，厦门市律师协会企业合规委员会委员国际争议解决及风险管理协会认证的专业商业调解员，专注领域为公司股权争议解决。

3. 春节能否拒绝加班安排？
4. 春节加班能否享受三倍工资？
5. 出行遇到高铁霸座怎么办？
6. 劝酒与“同桌喝酒”的法律风险？
7. 酒驾新规
8. 过年带女朋友见家长给的红包还能要回吗？

常见问题解答

一问一答为常见法律问题提供指南

问 用人单位能否以经营困难为由，不发放年终奖？

答 这主要取决于用人单位与员工签订的劳动合同，或者公司规章制度中是否有明确约定。若其中约定年终奖发放与单位经济状况挂钩，那么在经营困难时，用人单位有权决定不予发放年终奖；然而，若明确约定年终奖为 13 薪、14 薪等固定金额，或采用固定计算方式，用人单位则必须依约发放，不得以经营困难为由拒发。

问 员工如果想使用年休假，用人单位能否拒绝员工的年休假申请？

答 既然是申请，通常情况下，用人单位拥有审批权。但对于符合休假条件且请假手续完备的情况，用人单位原则上应予以批准，若不批准，必须具备合理理由。依据《职工带薪年休假条例》第 5 条规定，用人单位可根据生产、工作的具体状况，兼顾员工的休假意愿来决定是否批准年休假申请。不过,休年休假是员工的法定权利,用人单位不可随意剥夺。除非存在公司业务繁忙或其他不适宜休假的合理事由,一般而言,用人单位应当批准。

问 如果员工不想休年休假,用人单位是否有权安排员工休年休假?

答 根据《职工带薪年休假条例》第 5 条规定,单位需根据生产、工作的具体情况,并考虑职工本人意愿,统筹安排职工年休假。年休假可在 1 个年度内集中安排,也能分段安排,一般不跨年度安排。若单位因生产、工作特点确有必要跨年度安排职工年休假,最多可跨 1 个年度。所以,休年假既是员工的法定福利,也是用人单位自主统筹的事项。除员工主动申请以外,用人单位还可依据经营状况主动安排,也就是说,用人单位有权安排员工休年休假。

问 用人单位安排在春节等法定节假日加班,员工能否拒绝?

答 工作时间关乎员工切身利益,劳动者享有休息休假的权利,休息权更是宪法赋予的权利。加班应当基于生产经营需要的合理原因,或者在规章制度中明确规定单位可根据生产经营需要安排加班,且需在法律允许的加班时长内进行。但如果加班安排在正常工作时间之外,应充分尊重员工意愿,用人单位无权强制员工加班。

问 春节加班可以享受三倍工资吗?

答 在春节假期加班,其中法定节假日部分,员工可享有三倍工资报酬;

而调休部分，其工资标准与平常周末加班一致，可享有二倍工资。

问 **劝酒的法律风险有哪些？**

答 以下两种劝酒行为存在严重风险，切不可取。其一为强迫性劝酒，如以"不喝不够朋友""不喝看不起我"等言语要挟、刺激对方饮酒，或者在对方已喝醉、意识不清、失去自制力的情况下，仍劝其继续喝酒。其二为明知对方不能喝酒还劝酒，比如，明知对方有过敏、基础疾病等不适宜饮酒的身体状况，却依旧劝酒，最终导致诱发疾病等不良后果。上述强迫饮酒、恶意劝酒行为若引发损害结果，行为人需承担民事侵权责任，其行为将被认定为主动侵权行为。

问 **没有实施劝酒、强迫饮酒的共饮人，应当尽到哪些义务？**

答 其一，需尽到合理的注意义务，及时提醒、劝告、劝阻过量饮酒行为；其二，在同饮者醉酒后，应履行照顾和帮助义务，将共饮者安全送回家中或其他安全地点，并采取适当安全措施，确保醉酒者处于有人监管或照顾的状态，避免出现诸如在路边醉酒睡着后发生交通事故，或因失温被冻死等悲剧；其三，当醉酒者出现不良反应时，共同饮酒者负有积极救助义务，包括及时救助或送医等。

问 **关于酒驾有哪些新的法律规定？**

答 2023 年 12 月 13 日，最高人民法院、最高人民检察院、公安部、司法部联合印发了《关于办理醉酒危险驾驶刑事案件的意见》，即大家所说的酒驾新规。根据该新规,在道路上驾驶机动车,经呼气酒精含量检测,血液酒精含量达到80毫克/100毫升以上的,公安机关需依照《刑事诉讼法》和该意见的规定决定是否立案。对于情节显著轻微、危害不大,不构成犯罪的,不予立案。

酒驾新规明确了可认定为情节显著轻微、危害不大的具体情形,同时也明确了一般不适用缓刑的情形,比如,血液酒精含量超过180毫克/100毫升的情况。新规还规定,以下情形也可认定为情节显著轻微、危害不大,不构成犯罪或者不追究刑事责任:出于急救伤病人员等紧急情况驾驶机动车,且不构成紧急避险的;在居民小区、停车场等场所因挪车、停车入位等短距离驾驶机动车的;由他人驾驶至居民小区、停车场等场所短距离接替驾驶停放机动车的,或者为了交由他人驾驶,自居民小区、停车场等场所短距离驶出的;其他情节显著轻微的情形。此外,醉酒后出于急救伤病人员等紧急情况,不得已驾驶机动车,构成紧急避险的,依照《刑法》第21条的规定处理,即按照紧急避险情形对待,不负刑事责任。新规还对免予刑事处罚和非刑罚性处置措施作出了规定。

酒驾新规出台后,以往喝酒耍赖的手段彻底失效。在新规出台前,若司机酒后开车被警察拦住,司机淡定下车,从胸前掏出一瓶洋酒一饮而尽,然后告知警察酒是刚喝的,之前没有喝酒开车,面对这种情况,警察往往无可奈何。但醉驾新规明确规定:在呼气酒精含量检测或者提取血液样本前故意饮酒的，可以以查获后血液酒精含量鉴定意见作为认定其醉酒的依据。所以，再有此类挑衅行为，恐怕面临的处罚会更重。此外，新规还明确了“道路”的概念，以是否具有“公共性”、是否“允许社会机动车通行”作为“道路”的判断标准。例如，学院内部道路只要允许社会机动车通行，也可认定为“道路”，在该“道路”上醉驾，同样会构成刑事犯罪。

问 出行遇到高铁“霸座”，该如何应对？

答 “高铁霸座”不仅涉及道德问题，还涉及法律层面。《民法典》第 815 条规定，旅客应当按照车票上记载的时间、班次和座位号乘坐，霸座行为违反了这一法律规定。遇到“霸座”情况，可直接寻求列车工作人员帮助，让其采取措施制止霸座行为，要求霸座者归还座位。若经工作人员劝阻，霸座者仍不停止，可要求工作人员及时报案。

行为恶劣、情节严重的霸座者，可能违反《治安管理处罚法》第 23 条“扰乱公共汽车、电车、火车、船舶、航空器或者其他公共交通工具上的秩序”，以及第 50 条“阻碍国家机关工作人员依法执行职务”等规定，被处以罚款、拘留等行政处罚。若在纠纷过程中发生肢体冲突，还可能涉及《治安管理处罚法》第 43 条“殴打他人”的情形，同样可能面临罚款、拘留等行政处罚。

问 过年见家长给的红包还能要回吗？

答 若是以结婚为目的去见家长，分手时以“家长给的红包并非一般赠与行为，性质与彩礼相似”为由主张要回，有可能得到法院支持。但由于很多地方给的是现金红包，若要追回，需注意留存证据。

003

世界环境日专题：生活中的光污染

FM99.6 厦门综合广播《新闻招手停》第 149 期

主持人：海蕾

主讲人：王小冰律师①、王馨悦律师②

热点问题发现

探寻社会中关注度高的热点问题

1. 什么是光污染？
2. 光污染的危害
3. 遇到光污染应该怎么做？

---

① 王小冰律师，福建旭丰律师事务所执业律师，福建省律师行业优秀党员律师，曾为多家国企、政府机关、中小型企业提供法律服务。

② 王馨悦律师，福建旭丰律师事务所执业律师，厦门大学法律硕士，福建省第四届青年律师辩论赛优秀辩手，厦门市首届、第二届青年律师辩论赛优秀辩手。

常见问题解答

一问一答为常见法律问题提供指南

问 什么是光污染？

答 当环境中的光照射过强，对人类或其他生物的正常生存和发展产生不利影响时，就会产生光污染。阳光照射强烈时，城市里建筑物的玻璃幕墙、釉面砖墙、磨光大理石和各种涂料等装饰反射光线，都可以被称为"光污染"。光源作为日常生活中不可或缺的一种人造能源，在黑夜中扮演着举足轻重的角色。城市"亮丽工程"的不断发展，形成了好看的人造光夜景，无疑给城市带来另一种风景，但实际上也会对人类以及其他生物造成一定的健康影响。目前，学术界主要将影响自然环境，对人类生活以及工作休息带来不利影响、损害视力、引起不适感以及损害人体的各类光定义为光污染。简言之，超出一定接受范围的光线，如果我们觉得视觉不适，或者造成了生理上的不良反应，就可以称为光污染。

问 光污染对我们有哪些危害？

答 光污染可以分为室外光污染和室内光污染。在阳光充足的情况下，室外的反射光污染首先会增加机动车驾驶员、路人以及各类建筑物发生意外事故的风险。由于镜面反射的作用，通过玻璃幕墙、墙面反射的太阳光会对驾驶中的机动车驾驶员的视线造成影响，使其短时间受到强光的照射，产生暂时性的视力障碍，从而影响驾驶安全，也对路上的其他车辆以及路人产生安全隐患。对于反射进建筑物内的强光,由于物理的原因,会造成建筑物局部温度大幅度升高,若存在易燃物质,很可能增加火灾的发生概率。

夜晚的室外人造光污染,主要表现为高亮度的广告牌、霓虹灯、LED等,有时某一瞬间的光能强到给人白昼的错觉,使夜晚明亮得跟白昼一般。这样的人造光污染不仅会对周边居民的日常起居造成影响,同时还会对周边的生物造成一定的伤害。从市民角度来看,路过的市民可能会受到突然变亮的幕布、广告等影响,造成眼部不适,对尚未发育成熟的未成年人甚至婴儿,甚至会对其眼部造成不可逆转的损伤。而长期居住在附近的居民,因为夜晚遭受长期的光亮污染,也可能引发失眠、眩晕、注意力不集中等生理影响,长时间受污染还可能增加患上各类心理疾病的风险。

室内的光污染则主要由室内的装修、不合理的灯光配置等原因造成,其所带来的危害并不亚于室外光污染。室内光污染的影响主要体现在对居住者视力的破坏,较重的甚至会导致其丧失正常的视力。简单来说,现在大家的日常工作和生活都离不开手机等电子产品,手机、平板等发出的蓝光也属于光污染的一种,会影响人的生物钟和睡眠质量。因此,对于室内光污染,大家也应该警惕并防范,减少或降低室内光污染对人体健康造成的损害。

问 如果在日常生活中遭受光污染的困扰，可以怎么做？

答 目前我国《环境保护法》仅通过原则性条款提及光辐射污染；《民法典》虽然明令禁止民事主体在相邻关系中排放光辐射，但未就预防手段、控制途径、救济方式等作出详细的规定。所以，如果大家在生活中遇到了光污染，可以先尝试与对方协商解决，如果协商无果，可以通过市长热线等渠道请求环保部门、社区介入协调处理。如果上述方式都不起作用的话，还可以通过向法院提起民事诉讼的方式解决。但是，由于光污染具有"不残留性"，即光源消失污染即消失的特点，光污染的事实虽然能够被感知，却难以被量化和固定，个人维权的难度很大。从法律和相关标准来看，光污染纠纷属于环境资源保护公益诉讼范畴。公益诉讼，尤其是检察公益诉讼，不失为一种较为快速、有效地解决光污染问题的方式。

问 在家里使用照明设备时应注意哪些事项，以避免给自己或者他人造成光污染？

答 首先，在设置家中灯具时，要合理控制光照度，确保室内照明设备的照度达到规定要求，避免光线过强或照度不足，过度的亮度不仅会造成能源浪费，还可能会对外部环境造成不必要的光污染。选择合适的灯具，适量使用灯具和灯罩，减少光线直接进入户外环境，可以有效减少光污染。在设置灯具的过程中也要考虑安全因素，避免发生触电和火灾事故。同时，合理的照明设计可以避免产生过于强烈的反射或眩光，这对居住环境的舒适性和安全性都是非常重要的。此外，还可以考虑使用智能控制系统，利用智能照明系统或定时器，根据实际需要自动调节照明设备的开关和亮度，这不仅可以节约能源，还可以有效控制光污染的发生。

其次，要避免不当的外部照明，避免在不必要的时候使用室外照明，如景观照明等。尤其是在夜间，应控制室外照明的使用，以免对邻居或过往行人造成光污染。

最后，还要注意避免使用高反光材料。在室内装修时，避免使用高反光的装饰材料，如釉面砖墙、磨光大理石等，以减少光线的反射和散射，从而降低光污染的风险。

典型案例分析

以案说法为纠纷处理提供具体的参考

案件名称：李某与华润公司环境污染责任纠纷案

基本案情 原告李某购买了位于重庆市九龙坡区谢家湾正街某小区的住宅一套，并从2005年入住至今。被告华润公司开发建设的万象城购物中心与原告住宅相隔一条双向六车道的公路，双向六车道中间为轻轨线路。万象城购物中心与原告住宅之间无其他遮挡物。在正对原告住宅的万象城购物中心外墙上安装有一块LED显示屏用于播放广告等，该 LED 显示屏广告位从 2014 年建成后开始投入运营，每天播放宣传资料及视频广告等，其产生强光直射入原告住宅房间，给原告的正常生活造成影响。小区的业主亦多次向政府公开信箱投诉反映该 LED 屏光线极强、频繁闪动、音量巨大，对面业主家中的夜间如同白昼一般，严重影响老人和小孩的休息。

法院观点 光污染对人身的伤害具有潜在性和隐蔽性等特点，被侵权人往往在开始受害时显露不出明显的受损害症状，其所遭受的损害往往暂时无法用精确的计量方法来反映。但随着时间的推移，损害会逐渐显露。参考专家意见，光污染对人的影响除能够感知的对视觉的影响外，太强的光辐射会造成人生物钟紊乱，短时间看不出影响，但长期会带来影响。本案中，被告使用 LED 显示屏播放广告、宣传资料等所产生的强光，已超出了一般人可容忍的程度，影响了相邻居住的原告等居民的正常生活和休息。根据日常生活经验法则，被告运行 LED 显示屏产生的光污染势必会给原告等人的身心健康造成损害，这也为公众普遍认可。综上，被告运行 LED 显示屏产生的光污染已致使原告居住的环境权益受损，并导致原告的身心健康受到损害。判令被告承担停止侵害、排除妨碍的民事责任。

律师分析 本案中，法院首先向当地的生态环境监测站进行了咨询，该监测站的负责人表示，目前国家与重庆市均没有光污染环境监测方面的规范及技术指标，所以监测站无法对本案诉讼中的光污染问题展开环境监测。但是从民事法律关系的角度，法院认为可以通过其他证据来综合判断被告的行为是否对原告造成了光污染。就原告提交的证据来看，万象城的电子显示屏对原告的损害客观存在，主要体现为影响原告的正常休息。

同时，法院也就 LED 显示屏产生光辐射的相关问题咨询了重庆大学的教授、中国照明学会的理事等专家。专家表示，LED 的光辐射一方面是对人有视觉影响，其中失能眩光和不舒适眩光对人的眼睛有影响；另一方面是生物影响，如果光辐射太强，会使人生物钟紊乱。另外，LED 的白光中有蓝光成分，蓝光对人的视网膜有损害，而且不可修复。最终法院据此作出了支持原告的判决。

004

全国生态日专题：生活垃圾分类的相关法律问题

FM99.6 厦门综合广播《新闻招手停》第 157 期

主持人：海蕾

主讲人：王朔琛律师①、蒋晓丹律师②

热点问题发现

探寻社会中关注度高的热点问题

1. 生活垃圾分类的重要性
2. 厦门市关于生活垃圾分类的规定
3. 厦门生活垃圾分类的法律责任

---

① 王朔琛律师，福建旭丰律师事务所执业律师，贵州大学法律硕士，福建旭丰律师事务所能源与环境保护业务部委员。

② 蒋晓丹律师，福建旭丰律师事务所执业律师，福建农林大学法学学士，福建旭丰律师事务所网络与电子商务业务部委员。

常见问题解答

一问一答为常见法律问题提供指南

问 什么是“全国生态日”？

答 2023年6月28日，十四届全国人大常务委员会第三次会议通过了《全国人民代表大会常务委员会关于设立全国生态日的决定》，确立每年8月15日为“全国生态日”。因此，2023年8月15日也是首个“全国生态日”。“全国生态日”定在8月15日这一天，是因为习近平总书记在2005年8月15日考察湖州市安吉县时提出了“绿水青山就是金山银山”的科学论断。“全国生态日”的设立，旨在提高全社会生态文明意识，加强全民生态环境保护的理念，进一步推动我国的生态文明建设。

问 为什么要进行生活垃圾分类？

答 生活垃圾分类就是将我们日常生活使用后的废弃物进行分类收集，分开运输，集中回收处理，使部分废弃物重新变成资源。不易降解的物质比如塑料袋、塑料瓶等混入生活垃圾中，如果没有进行分类就混合处理，会使土地、水源等受到不同程度的污染。填埋没有分类的生活垃圾，会使有污染性质的垃圾对土地造成侵蚀，影响土地的肥力，污染土地、地下水资源，最终影响我们的正常生活。例如，丢弃的电池含有重金属等有毒物质，随地丢弃小体积塑料制品还可能会遭野生动物误食，引发动物的非自然死亡等。可见，生活垃圾如果没有进行科学处置，将会引起土壤、水源、大气的不利变化。

对生活垃圾进行分类处理能够减少垃圾的总量，增加可重复利用物品的使用效率，有效避免造成过多的浪费。对部分生活垃圾的再利用不仅可以减少对环境的破坏，而且还可以进行二次使用，提高社会资源的重复利用率。此外，近年来我们国家一直都在提倡建设生态文明社会，垃圾分类处理能够进一步减少环境污染，推动循环经济发展，保证社会的可持续发展能力。

问 厦门关于垃圾分类管理出台了哪些制度？

答《厦门经济特区生活垃圾分类管理办法》是全国首部全链条垃圾分类立法。在该办法出台的初期，厦门市政府成立了市级垃圾分类管理中心，让各部门之间相互协同、加强管理，持续推动垃圾分类回收工作。

为了巩固垃圾分类效果，厦门市政府还制定了《厦门市生活垃圾分类工作考评办法》，对负责垃圾分类的部门和单位进行全方位的考核，并纳入对各区、各相关单位年度工作绩效考评内容；同时加强督查、执法、整治，对垃圾不分类行为进行震慑，提高了垃圾分类参与率和准确率，确保了《厦门经济特区生活垃圾分类管理办法》的顺利落地。

问 厦门市如何规定各类垃圾投放标准？

答《厦门经济特区生活垃圾分类管理办法》第 10 条对垃圾分类的类型进行了规定，分别是可回收物、厨余垃圾、有害垃圾以及其他垃圾。在该办法中，可回收物主要包含废弃的纸张、塑料、金属、纺织物、电器电子产品、玻璃等可资源化利用的物质；厨余垃圾是指废弃的剩菜、剩饭、蛋壳、瓜果皮核、茶渣、骨头等在日常生活中产生的易腐性垃圾；有害垃圾是指废弃的充电电池、扣式电池、荧光灯管（日光灯管、节能灯等）、温度计、血压计、药品、杀虫剂、胶片及相纸等生活垃圾中对人体健康或者自然环境造成直接或者潜在危害的物质；其他垃圾是指除了可回收物、厨余垃圾以及有害垃圾之外的生活垃圾。

实际分类的过程中可能会遇到难以分辨垃圾类型的情况，比如 5 号、7 号干电池属于无汞电池，可丢入其他垃圾，进行焚烧处理，但是充电电池则要归入有害垃圾；椰子壳、生蚝壳、大骨头等难以腐烂、发酵的垃圾，实际属于其他垃圾，而不是厨余垃圾。

问 厦门对于大件垃圾的处理有什么规定？

答 2018 年 9 月，厦门市政府发布了《厦门市大件垃圾管理办法》。2023 年 12 月 6 日，该办法经修改后重新发布，主要包括制定目的和依据、适用范围、大件垃圾定义、协同处理、投放管理、收集运输以及回收处理单位的管理职责、禁止行为等内容。

《厦门市大件垃圾管理办法》明确了大件垃圾是指重量超过 5 千克或体积超过 0.2 立方米或长度超过 1 米、整体性强需要拆解处理的废旧生活和办公器具。在生活中，常见的大件垃圾有床架、床垫、沙发、桌椅、衣（书）柜等。需要注意的是，废旧家电属于再生资源，而废旧马桶、浴缸等属于建筑装修垃圾,应与大件垃圾区分开来。

对于处理生活中的大件垃圾,首先可以联系小区物业,将大件杂物送到物业指定的堆放地点。再由物业单位负责与大件杂物处理中心预约上门收运的时间。如果是没有物业的小区,则可以联系社区居委会进行处理。通过社区拨打预约电话,大件杂物处理中心会安排就近的环卫所上门进行收运。

问 不进行垃圾分类会有什么法律后果?

答 根据《厦门经济特区生活垃圾分类管理办法》的规定,对于违反垃圾分类管理的,既可以对个人进行处罚,也可以对单位进行处罚。如果个人违反规定,初次违规的罚款金额在 50～200 元;如果拒不改正,罚款金额可以提升至 1000 元。对于单位违规投放垃圾的行为,罚款金额最高可达 20 万元。

生活垃圾分类处理是环境保护法律体系的重要组成部分,有关垃圾处理的法律规定有《固体废物污染环境防治法》《环境保护法》以及有关地方性法规、地方政府规章。环境保护法在整个垃圾分类处理中起着最基本的指导作用,但仅是方向性把控,缺少对生活垃圾分类工作各个流程的具体指导。目前,生活垃圾分类处理问题也较多停留在地方立法和规范性文件上,尚未形成完整的法律体系,也欠缺刚性的约束力。

当前,我国法律对于垃圾处理问题更多是倡导与鼓励。例如,《固体废物污染环境防治法》第 100 条第 1 款规定:“国家鼓励单位和个人购买、使用再生产品和可重复利用产品。"第12条规定："各级人民政府对在固体废物污染环境防治工作以及相关的综合利用活动中做出显著成绩的单位和个人，按照国家有关规定给予表彰、奖励。"《城市生活垃圾管理办法》详细规定了在城市中处理生活垃圾的流程，但仍存在责任归属不明确、处罚力度较轻等问题。

要推行垃圾分类，还必须提高公民意识。近年来，有关部门和地方政府出台实施生活垃圾分类相关的规范性文件，老百姓逐渐了解生活垃圾分类的重要性，并践行使用专门的垃圾袋、分类投放垃圾、大件垃圾专门回收等优良习惯，有条件的地区也开始尝试运用高科技手段进行垃圾分类、处理。相信在不久的将来，全民垃圾分类意识和分类水平将进一步提升，垃圾分类这项富有意义的工作和健康的生活方式将持续引领城市绿色、可持续发展。

005

捍卫妇女权益——如何在职场、家庭中更好地运用法律保护自己？

FM99.6 厦门综合广播《新闻招手停》第 137 期

主持人：海蕾

主讲人：郑进文律师[①]、林娟律师[②]

热点问题发现

探寻社会中关注度高的热点问题

1. 与妇女权益保护相关的法律有哪些？

---

① 郑进文律师，福建旭丰律师事务所律师，福建旭丰律师事务所建设工程业务部委员，福建旭丰律师事务所婚姻家庭与财富传承业务部委员，厦门市律师协会民事专业委员会委员，专注领域为民商事、婚姻家事诉讼及非诉讼法律事务。

② 林娟律师，福建旭丰律师事务所律师，福建师范大学诉讼法学硕士，专注领域为合同、婚姻家事及公司法律事务。

2. 妇女在职场中的劳动和社会权益如何保障?
3. 妇女在婚姻家庭中的权益如何保障?

常见问题解答

一问一答为常见法律问题提供指南

问 与妇女权益保护相关的法律有哪些?

答《宪法》第48条规定:“中华人民共和国妇女在政治的、经济的、文化的、社会的和家庭的生活等各方面享有同男子平等的权利。国家保护妇女的权利和利益,实行男女同工同酬,培养和选拔妇女干部。”第49条规定:“婚姻、家庭、母亲和儿童受国家的保护。夫妻双方有实行计划生育的义务。父母有抚养教育未成年子女的义务,成年子女有赡养扶助父母的义务。禁止破坏婚姻自由,禁止虐待老人、妇女和儿童。”

《妇女权益保障法》在总则部分明确男女平等是国家的基本国策,妇女在各方面享有同男子平等的权利,国家采取必要措施,促进男女平等,消除对妇女一切形式的歧视,禁止排斥、限制妇女依法享有和行使各项权益,国家保护妇女依法享有的特殊权益。《妇女权益保障法》还对妇女的政治权利、文化教育权益、劳动和社会保障权益、财产权益、人身权利、婚姻家庭权益作出了详细的规定。

《民法典》第1041条规定,实行婚姻自由、一夫一妻、男女平等的婚姻制度;保护妇女、未成年人、老年人、残疾人的合法权益。第 1062 条规定,夫妻在婚姻关系存续期间所得的工资、奖金、劳务报酬等财产,为夫妻的共同财产,归夫妻共同所有;夫妻对共同财产有平等的处理权。

另外,《刑法》《全国人民代表大会和地方各级人民代表大会选举法》《教育法》《农村土地承包法》等法律中也有关于妇女权益保障的相关规定。

问 妇女在职场中的劳动和社会权益如何保障?

答 女职工在“三期”期间是受到法律法规特别保护的。所谓“三期”,指的是孕期、产期、哺乳期。当女职工处于“三期”时,国家根据《劳动法》《劳动合同法》《妇女权益保障法》《女职工劳动保护特别规定》及其他法律规定给予特殊保护和待遇,包括:不得因女职工怀孕、生育、哺乳降低其工资和福利待遇;不得安排“三期”女职工从事禁忌从事的岗位;不得适用无过失辞退、经济性裁员的规定与“三期”女职工解除劳动合同;不得延长怀孕不满 3 个月且妊娠反应严重、怀孕 7 个月以上或者处于哺乳期的女职工的劳动时间或者安排其从事夜班劳动等。“三期”女职工主要享有产前假、产假、流产假、哺乳假和护理假(有的地方规定为“陪产假”)。其中,护理假(陪产假)是指女职工产假期间,其配偶能够参与照顾新生儿的假期,具体天数以每个地区的规定为准。以福建省为例,依法办理结婚登记的夫妻享受婚假 15 日;符合法律规定生育子女的夫妻,女方产假为 158 日至 180 日,男方陪产假为 15 日;在子女年满三周岁之前，每年给予夫妻双方各 10 天育儿假；在婚假、产假、陪产假、育儿假期间，工资、福利待遇不变，不影响晋升。另外，关于薪资发放的问题，如果是怀孕的女职工，产检所需要的时间计入劳动时间，按照正常工资标准发放。如果女职工生育，对于有参加生育保险，须发放生育津贴；没有参加生育保险的，则按照女职工产假前工资标准由用人单位支付。

问 在婚姻中遭遇家庭暴力，女性应当如何保护自己的合法权益？

答 妇女在婚姻家庭中受到侵害的最常见形式便是家暴。很多人对家庭暴力的理解，主要是身体上的伤害，比如殴打、捆绑、限制人身自由等。《反家庭暴力法》规定，家庭暴力是指家庭成员之间以殴打、捆绑、残害、限制人身自由以及经常性谩骂、恐吓等方式实施的身体、精神等侵害行为。相较身体暴力，精神暴力不通过身体接触，同样具有伤害性，并且形式更为隐蔽，危害更为深远。精神暴力包括忽视、威胁、恐吓、侮辱等，主要是通过心理控制、言语侮辱、忽视或孤立等方式对另一方进行伤害。

曾经有一个案件，夫妻双方因家庭琐事经常发生争议，丈夫李某多次以跳楼、到妻子王某工作场所当面喝下农药等方式进行威胁，王某也多次报警都协商未果。王某为了保证自身人身安全，向法院申请了人身安全保护令。法院经审查认为，李某自伤自残行为会让申请人王某产生紧张、恐惧情绪，属于精神侵害，王某的申请符合人身安全保护令的法定条件，因此裁定：(1)禁止被申请人李某对申请人王某实施家庭暴力；(2)禁止被申请人李某骚扰、跟踪、威胁申请人王某。在这个案件中，施暴者避开了对受害者殴打、辱骂等传统家庭暴力形式，转而通过自伤自残的方式间接给受害者带来恐慌的情绪，以最终达到控制受害者的目的，属于精神暴力。

不同于这种“自伤自残”型的家庭暴力，还有一种“死缠烂打”型家庭暴力。另外有一个案件是这样的，夫妻双方因性格不合离婚后，丈夫赵某通过使用暴力、进行定位跟踪、使用窃听设备、破坏家门锁与电闸、安装监控摄像头等多种形式对前妻林某进行骚扰，严重影响了林某的正常生活与工作，且对林某的人身安全构成威胁。林某多次与赵某调解，但赵某拒不改正。林某遂向人民法院申请人身安全保护令。法院经审查认为，根据《妇女权益保障法》规定，禁止在离婚之后，纠缠、骚扰妇女。妇女遭受上述侵害或者面临上述侵害现实危险的，可以向人民法院申请人身安全保护令。申请人提供的证据，可以证实被申请人自双方离婚后，以不正当方式骚扰申请人、干扰申请人的正常生活，导致申请人面临侵害的现实危险，符合作出人身安全保护令的法定条件，因此裁定：禁止被申请人赵某殴打、骚扰、跟踪、接触申请人林某。

问 离婚后是否还有其他家庭暴力形式？

答 离婚后藏匿孩子也是一种典型的家庭暴力形式。这种类型的家庭暴力中，虽然暴力殴打对象并不是孩子，抢夺行为亦与典型的身体、精神侵害存在差别，但考虑到孩子作为被抢夺、藏匿对象和暴力行为目击者，其所遭受的身体、精神侵害与家长的家庭暴力行为直接相关。曾经有一个案件，蔡某与唐某离婚时，法院判决婚生子蔡某某由女方唐某抚养，但男方蔡某拒不履行，法院多次强制执行也未果。后通过法院、心理咨询师等多方共同努力，蔡某将蔡某某交给唐某。蔡某某因与母亲分开多日、极度缺乏安全感，开始接受长期心理治疗。次月，蔡某到唐某处要求带走蔡某某，唐某未予准许，为此双方发生争执。蔡某不顾蔡某某的哭喊劝阻，殴打唐某并造成蔡某某面部受伤。蔡某某因此次抢夺事件身心受到极大伤害，情绪不稳，害怕上学、出门，害怕被蔡某抢走。为保护蔡某某人身安全不受威胁，唐某代蔡某某向人民法院申请人身安全保护令。其实，抢夺、藏匿未成年子女行为不仅侵害了父母一方对子女依法享有的抚养、教育、保护的权利，而且严重损害了未成年子女的身心健康，应当坚决制止。未成年人目睹家庭暴力特别是身体暴力，不仅会对其心理产生巨大冲击，还可能因被迁怒、误伤等原因受到身体伤害，长此以往甚至可能形成"以暴力解决一切"的错误观念，对其成长有不可忽视的负面影响。

问 "家庭暴力"是犯罪吗？

答 家庭暴力是对上述列举说明的一系列行为的概括性总称，施暴包括身体、精神、性侵害等。我国《刑法》未规定家庭暴力罪名，但家庭暴力达到一定严重程度时可能构成刑法上的故意伤害罪，若长期家庭暴力还可能构成虐待罪等。

问 什么是人身安全保护令?

答 当遭受家庭暴力或面临家庭暴力现实危险时,受害人均可向人民法院申请人身安全保护令。这项制度的创设目的在于及时预防和制止家庭暴力,以防范暴力升级转变为恶性刑事案件。

问 如何申请人身安全保护令?

答 根据《反家庭暴力法》规定:第一,受害人可向受害人所在地、加害人所在地或者施暴行为发生地法院申请。第二,申请人原则上以书面方式提出,特殊情况可以以口头形式提出。如出警记录、就医记录、恐吓短信记录等证据应当向法院提供,法院会根据受害人提供的证据或者通过询问、听证的方式了解案件情况。第三,法院受理申请后应当在72小时内作出人身安全保护令或者驳回申请;情况紧急的,应在24小时内作出。第四,人身安全保护令包括下列措施:禁止被申请人实施家庭暴力;禁止被申请人骚扰、跟踪、接触申请人及其相关近亲属;责令被申请人迁出申请人住所等。第五,人身安全保护令的有效期不超过6个月。人身安全保护令失效前,法院可以根据申请人的申请撤销、变更或者延长。第六,被申请人违反人身安全保护令,构成犯罪的,依法追究刑事责任;尚不构成犯罪的,人民法院应当给予训诫,可以根据情节轻重处以1000元以下罚款、15日以下拘留。

问 申请人身安全保护令需要哪些证据？

答 人身安全保护令具有预防性功能，能够及时保护申请人免遭家暴侵害，《最高人民法院关于办理人身安全保护令案件适用法律若干问题的规定》列举了 11 种证据形式，为受害人留存、收集证据提供了行为指引。具体为：(1)当事人的陈述；(2)公安机关出具的家庭暴力告诫书、行政处罚决定书；(3)公安机关的出警记录、讯问笔录、询问笔录、接警记录、报警回执等；(4)被申请人曾出具的悔过书或者保证书等；(5)记录家庭暴力发生或者解决过程等的视听资料；(6)被申请人与申请人或者其近亲属之间的电话录音、短信、即时通信信息、电子邮件等；(7)医疗机构的诊疗记录；(8)申请人或者被申请人所在单位、民政部门、居民委员会、村民委员会、妇女联合会、残疾人联合会、未成年人保护组织、依法设立的老年人组织、救助管理机构、反家暴社会公益机构等单位收到投诉、反映或者求助的记录；(9)未成年子女提供的与其年龄、智力相适应的证言或者亲友、邻居等其他证人证言；(10)伤情鉴定意见；(11)其他能够证明申请人遭受家庭暴力或者面临家庭暴力现实危险的证据。在司法实践中，法官会结合日常经验和生活常理，根据申请人提交的证据材料审查事实是否存在较大可能性，是否具有发生家庭暴力的现实危险，即证明标准无须达到民事诉讼证明标准的高度盖然性，只需达到“存在较大可能性”证明标准，法院就可以发出人身安全保护令。

典型案例分析

以案说法为纠纷处理提供具体的参考

案件名称：王某辉拒不执行裁定案

案例来源：最高人民法院、全国妇联联合发布反家暴犯罪典型案例

基本案情 被告人王某辉与妻子王某某于2019年4月29日协议离婚。离婚后，双方仍共同居住，王某辉频繁打骂、威胁王某某。2023年8月25日王某辉再次殴打王某某，后被公安机关处以行政拘留7日及罚款人民币300元。同年9月，王某某拨打妇女维权公益服务热线12338求助，后在妇联工作人员的指引与协助下准备报警回执、就医证明等证据，于同年10月12日到当地妇联与人民法院联合设立的“家事诉联网法庭”向法院申请人身安全保护令。次日，人民法院签发人身安全保护令，裁定禁止王某辉对王某某实施殴打、威胁等家庭暴力行为，禁止王某辉骚扰、跟踪、接触王某某及女儿。同年11月28日，被告人王某辉再次殴打王某某及王某某同事，次日被公安机关处以行政拘留10日及罚款人民币500元。王某某再次向当地妇联维权服务中心反映，又被王某辉威胁、恐吓。市妇联工作人员在了解情况后，认为王某辉的行为已违反人身安全保护令，建议王某某报警并留存相关证据，向法院反映情况。

社区及街道妇联迅速联合街道综治办及派出所对案件进行研判，密切关注王某辉动态，联系王某辉亲属开展劝导，加强王某某住处的安保措施。同年12月6日，法院办案人员对王某辉违反人身安全保护令的行为进行了训诫及劝导，王某辉书面保证以后不再犯。12月9日至12日，王某辉通过微信、短信等方式多次向王某某发送刀具照片、农药物流信息截图等人身威胁信息。法院办案人员以电话方式再次对王某辉进行训诫。此后，王某辉仍继续向王某某发送多条人身威胁信息。12月15日，人民法院决定对王某辉司法拘留15日，并将案件线索移送公安机关。后王某辉被公安机关抓获。

裁判结果 法院生效裁判认为，被告人王某辉对人民法院签发人身安全保护令的生效裁定有能力执行而拒不执行，情节严重，其行为已构成拒不执行裁定罪。综合王某辉归案后如实供述、认罪认罚等情节，对王某辉以拒不执行裁定罪判处有期徒刑8个月。

典型意义 人身安全保护令制度自2016年3月1日设立以来，对预防家庭暴力发挥了重要作用。但实践中违反人身安全保护令的行为时有发生，严重影响人身安全保护令的实施效果。法律的生命在于实施，裁判的价值在于执行。人身安全保护令绝非一纸空文，是严肃的法院裁决，一经作出必须得到尊重和执行。拒不履行人身安全保护令，是对司法权威的挑战，必将受到严惩。本案中，被告人王某辉违反人身安全保护令，情节严重，人民法院对其以拒不执行裁定罪定罪处罚，充分捍卫了法律的尊严和权威，保障了人身安全保护令的执行，让人身安全保护令真正成为维护家庭暴力受害者合法权益的有力武器。同时，本案也反映出家庭暴力反复性和长期性的特点。再次提醒家庭暴力受害者，一旦遭受家庭暴力，既可以向公安机关报案或者依法向人民法院起诉，也可以向妇联、居民委员会、村民委员会等单位投诉、反映，及时寻求帮助，通过法律武器保障好自己的人身安全和合法权益。

律师分析 人身安全保护令是人民法院为了保护家庭暴力受害人及其特定亲属的人身安全、确保婚姻案件诉讼程序的正常进行而作出的民事裁定。这项制度不仅能够在家庭暴力发生或可能发生时，迅速为受害者提供法律保护，使其人身安全得到及时保障，避免进一步的伤害；还能通过限制施暴者的行为，对其形成法律威慑，有效预防家庭暴力的再次发生和升级，维护家庭和谐稳定。

本案中，王某辉在妻子申请并获签人身安全保护令后，仍再次殴打妻子及她的同事，且通过微信、短信等方式多次发送人身威胁信息，挑战法律在维护公民人身权利方面的权威性和公信力。面对诸如此类情形，受害者应积极维权，增强自我保护意识和法律意识，一旦发现施暴者拒不履行人身安全保护令，要及时向公安机关报案或向法院反映，保留好相关证据，如施暴者的威胁短信、通话记录、视频监控等，以便司法机关依法处理。公安机关在接到受害者报警后，应及时出警，对施暴者的违法行为进行调查取证和依法处理；人民法院要加强对人身安全保护令执行情况的监督和跟踪，对违反保护令的行为及时采取制裁措施，确保法律的严肃性和权威性。与此同时，妇联、居民委员会、村民委员会等社会组织和基层组织应积极关注家庭暴力问题，为受害者提供帮助和支持，协助司法机关监督施暴者的行为，共同推动人身安全保护令的有效执行，营造反对家庭暴力的社会氛围。

006

军人的权益保障及相关典型案例分享

FM99.6 厦门综合广播《新闻招手停》第 152 期

主持人：海蕾

主讲人：黄芬嫘律师[1]、郑进文律师[2]

---

① 黄芬嫘律师，福建旭丰律师事务所党总支副书记、高级合伙人，福建省律协合同法律专业委员会委员，福建省公司法专业、刑事专业律师，福建省律师行业优秀党员律师，厦门市优秀律师，厦门仲裁委员会仲裁员，厦门市中级人民法院律师调解员，湖里区委政法委法律顾问思明区工商联常委。

② 郑进文律师，福建旭丰律师事务所律师，福建旭丰律师事务所建设工程业务部委员，福建旭丰律师事务所婚姻家庭与财富传承业务部委员，厦门市律师协会民事专业委员会委员，专注领域为民商事、婚姻家事诉讼及非诉讼法律事务。

热点问题发现

探寻社会中关注度高的热点问题

1. 军人享受的优待政策有哪些？
2. 我国目前退役军人的地位及权益保障的现状如何？
3. 冒充军人招摇撞骗罪与诈骗罪的界限在哪里？
4. 军人的配偶是否也能构成破坏军婚罪？

常见问题解答

一问一答为常见法律问题提供指南

问 军人主要包括哪些人？

答 根据《军人地位和权益保障法》第2条的规定，军人，是指在中国人民解放军服现役的军官、军士、义务兵等人员。

问 军人的优待政策主要体现在哪几个方面？

答 在物质方面，军人在服役期间，国家对军人及其家属提供了各种优待政策及福利待遇。在医疗方面，《军人及军队相关人员医疗待遇保障暂行规定》于2022年1月1日起正式开始施行。该规定保障的对象包括军人、军队相关人员两大类别，其中的“家属”仅限定于配偶、子女、父母（含抚养人）、配偶父母（含抚养人）这4种身份。新的医疗政策大幅提高了军人医疗保障标准,明确军人在军队医疗范围内诊治,予以免费医疗保障。在抚育子女方面,教育部、中央军委政治工作部、全国双拥工作领导小组办公室联合下发了《关于进一步做好军人子女教育优待工作的若干意见》,对军人子女在学前教育、义务教育、高中教育、高等教育等阶段的优待工作进行了明确。在赡养老人方面,现役军官、军士父母、养父母、曾抚养教育军人的继父母,以及子女均已去世的祖父母、外祖父母,只要年满 60 周岁,就能每月领取 600 元的赡养金。

问 厦门市在军人优待政策上有什么具体措施?

答 近年来,厦门市坚决贯彻落实党的二十大精神和习近平总书记关于双拥工作的重要指示,并且在拥军工作中注重创新,把对军人的尊崇转化为一项项饱含温度的实际举措。例如,2023 年 5 月 8 日,在厦门市双拥办、厦门市退役军人事务局、厦门市卫健委与陆军第七十三集团军医院携手努力下,集专业检查、物理治疗、放松疏导等功能于一体的厦门市"凤凰花健康拥军"心理健康中心正式揭牌成立,开始为军队有心理需求的人员提供全面、专业、舒心的心理服务。同时,厦门市财政出资为厦门市 2600 多名重点优抚对象购买"惠厦保",并在全省率先推出优待证持证人免费乘坐公交、地铁、BRT、轮渡等公共交通,减免旅游景区门票等一系列优待措施。并且,现役军人、现役军人家属及优待证持证人只要出示相应证件,即可在厦门市思明拥军联盟的成员商铺享受优惠优待。

问 在法律法规层面，我国对退役军人权益的保障作出了哪些规定？

答 退役军人事务部等七部门联合印发《关于全面做好退役士兵教育培训工作的指导意见》中指出，要进一步指导各地做好退役士兵教育培训工作，帮助退役士兵提升就业创业能力。自主就业退役士兵退役后，由退役士兵安置工作主管部门负责免费组织职业教育和技能培训，经考试考核合格的，发给相应的学历证书、职业资格证书并推荐就业。例如，厦门市退役军人事务局联合集美大学，于2022年9月成立了厦门退役军人学院，开设了首届厦门市退役军人师资班，为69名有志于成为教师的退役军人提供一年免费的脱产培训。

在学业帮扶上，大学生（含高校新生）入伍，高校不仅保留学籍或入学资格，退役大学生在享受免试专升本后，还可以继续享受考研加分、专项硕士研究生招生等政策。例如，厦门生源（非公费师范生）就读9所有培养公费师范生的师范类高校，在学期间参军并退役复学后，经申请可纳入公费师范生进行培养，打通入职“直通车”。

在就业促进政策方面，国有企业负有接收安置转业军官、安排工作的军士和义务兵的法定义务。国有企业应当与接收安置的退役军人按照国家规定签订劳动合同，确定劳动关系，明确双方权利和义务，依法保障他们的合法权益。同时，民营企业在我国经济体制中具有不可替代的地位和作用，是创造社会财富的重要市场主体，也是吸纳就业的重要渠道。根据退役军人事务部等12部门发布的《关于引导和鼓励民营企业招用自主就业退役军人的意见》的相关规定,对招用自主就业退役军人达到一定比例的民营企业可以适当降低相关水、电、租金等费用,支持符合条件的民营企业参与电力直接交易,降低企业生产成本。鼓励民营企业通过“企业新型学徒制”模式吸纳更多自主就业退役军人,按规定享受职业培训补贴。

问《关于引导和鼓励民营企业招用自主就业退役军人的意见》中招用自主就业退役军人达到一定比例应如何理解?

答 自主就业退役军人包括自主择业军转干部、复员干部和自主就业退役士兵。关于其招用比例,可以参照《关于印发中小企业划型标准规定的通知》(工信部联企业〔2011〕300 号)的规定,即小微型企业招用自主就业退役军人(以签订 1 年以上劳动合同为准,下同)占总职工数 20% 以上;中型企业招用自主就业退役军人占总职工数 10% 以上;大型企业招用自主就业退役军人占总职工数 5% 以上;职工人数超过 4000 人的大型企业,自主就业退役军人职工数达到 200 人以上的,可视同“达到一定比例”。实践中,各地可结合地区实际情况,在此基础上调整比例。另外,退役军人个体工商户和招用自主就业退役军人的个体工商户可以参照执行。

问 破坏军婚是否会处罚军人配偶?

答 作为一种特殊的婚姻形态,军婚在法律上有许多不同于普通婚姻的规定，从结婚条件到结婚流程都较普通婚姻关系的形成更为严格。由于对军人婚姻家庭的破坏，严重伤害军人及其亲属的感情，影响军人安心服役，进而可能影响部队稳定和战斗力，因此我国法律对军婚也给予特殊的保护。例如，《刑法》第 259 条第 1 款规定，明知是现役军人的配偶而与之同居或者结婚的，处 3 年以下有期徒刑或者拘役，即破坏军婚罪。破坏军婚罪虽然没有规定现役军人的配偶承担怎样的法律责任，但在不妨碍军人婚姻关系的前提下，对作为破坏军婚罪中的一方当事人，现役军人的配偶可以按照《刑法》第 258 条规定，有配偶而重婚的，或者明知他人有配偶而与之结婚的，处 2 年以下有期徒刑或者拘役，即重婚罪处理。

典型案例分析

以案说法为纠纷处理提供具体的参考

案件名称：吴某某诈骗案

审理法院：江苏省太仓市人民法院

案例来源：最高人民法院网上发布厅

基本案情 2016 年至 2019 年，吴某某利用网购的军官证、军服以及解放军某医院公章，冒充某部少校女军官，虚构其父母是部队领导干部，以帮别人介绍入伍、合伙承包部队医院保障项目为由，多次骗取丁某等5名被害人共计人民币243万余元。2021年7月6日，某市检察院以吴某某犯诈骗罪提起公诉。

裁判结果 吴某某犯诈骗罪，判处有期徒刑10年6个月，并处罚金人民币10万元。

律师分析 冒充军人招摇撞骗罪，是指以假借军人身份并四处炫耀，凭借人民群众对人民军队的信赖与敬爱，实施欺骗行为，进而谋取非法利益的犯罪行为。该罪与诈骗罪的关键区别之一在于，冒充军人招摇撞骗罪所骗取的对象，不仅涵盖财物（且对财物数额并无限制），还包括工作机会、职务晋升、社会地位、荣誉称号等。此罪归属于妨害社会管理秩序罪范畴，其危害后果不仅损害了军人的崇高形象与声誉，更对社会秩序的稳定以及社会公信力造成了严重破坏。

在本案中，犯罪嫌疑人吴某某通过伪造、买卖武装部队证件、印章的手段，实施冒充军人招摇撞骗行为，这一手段行为与骗取被害人高额财物的结果之间，存在紧密的牵连关系。基于此，吴某某的行为同时触犯了冒充军人招摇撞骗罪和诈骗罪。

2011年，最高人民法院、最高人民检察院联合发布的《关于办理诈骗刑事案件具体应用法律若干问题的解释》第8条明确规定："冒充国家机关工作人员进行诈骗，同时构成诈骗罪和招摇撞骗罪的，依照处罚较重的规定定罪处罚。”从该司法解释的规定出发，将两罪竞合情形按择一重罪处理，主要原因在于，当犯罪数额达到特别巨大程度时，冒充军人招摇撞骗罪与诈骗罪的法定刑配置呈现出不合理的比例关系。

具体到本案，若依据冒充军人招摇撞骗罪对吴某某进行论处，其行为符合《刑法》第 372 条所规定的情节严重情形，对应的量刑幅度为 3 年以上 10 年以下有期徒刑；若按照诈骗罪论处，依据《刑法》第 266 条的规定，属于数额特别巨大的情形，量刑幅度为 10 年以上有期徒刑、无期徒刑，并处罚金或者没收财产。对比两罪的量刑幅度可知，冒充军人招摇撞骗罪的最高刑期仅为 10 年，而诈骗罪最高可判处无期徒刑。若对骗取财物数额特别巨大的被告人吴某某按照招摇撞骗罪论处，显然失之偏颇，极有可能为犯罪分子利用法律漏洞逃避重罚提供可乘之机。

综上，依据罪责刑相一致原则，结合本案的具体事实，对吴某某以诈骗罪论处，既能更为精准地评价其犯罪行为的性质与危害程度，也更有利于实现对犯罪行为的有效惩治。

007

从教师违规收受礼品礼金、有偿补课被开除案例——谈教师权益保障与救济

FM99.6 厦门综合广播《新闻招手停》第 160 期

主持人:海蕾

主讲人:沈玉洪律师[①]、王朔琛律师[②]

① 沈玉洪律师,福建旭丰律师事务所民事部副主任;厦门律协第九届刑事诉讼专业委员会委员;厦门律协第九届理事会公益法律服务工作委员会委员;厦门市优秀公益律师;2020 年、2021 年福建旭丰律师事务所履行社会责任先进律师;2021 年、2022 年福建旭丰律师事务所优秀律师。专注领域为刑事辩护、商品房买卖合同纠纷、公司类合同纠纷、婚姻家事类纠纷与侵权纠纷解决、劳动争议、企事业单位法律风险防控与非诉法律服务。

② 王朔琛律师,福建旭丰律师事务所执业律师,贵州大学法律硕士,福建旭丰律师事务所能源与环境保护业务部委员。

热点问题发现

探寻社会中关注度高的热点问题

1. 教师收受礼品、有偿补课被学校开除，如教师对处分决定不服，是提起行政诉讼还是劳动仲裁？
2. 教师侵权行为主要有哪些类型？
3. 学生自杀自伤的，学校教师是否应担责？
4. 中小学教师具有哪些教育惩戒权利？哪些是禁止行为？
5. 教师遭受侵权时，可通过哪些救济途径维护自己的权利？

常见问题解答

一问一答为常见法律问题提供指南

问 **教师收受礼品、有偿补课被学校开除，如教师对处分决定不服，是提起行政诉讼还是劳动仲裁？**

答 这个问题需要区分是公办校教师还是民办校教师。公办校教师被开除的主要依据是《事业单位工作人员处分规定》和《教师法》，公办校教师被开除系事业单位辞职辞退等人事管理事项，涉事教师可提起行政诉讼要求撤销开除的行政行为；民办校教师被开除的依据是《劳动合同法》，民办校教师被开除系用人单位一方主动提出解除与教师的劳动关系，涉事教师可对违法解除劳动合同提起劳动仲裁。

例如，在重庆某幼儿园教师收受巧克力礼物被开除一案中，涉案幼儿园是民办幼儿园，涉事教师为民办教师，因此救济途径是提起劳动仲裁。教育部印发的《严禁教师违规收受学生及家长礼品礼金等行为的规定》，其内容主要是针对个别教师借节日名义索要收受学生及家长礼品，损害教师的整体形象，不利于教师公正履行教育职责而提出整顿。老师收受巧克力的行为并属于该规定的范围，更谈不上属于情节严重、应当予以开除处分的情形。幼儿园未合理考虑规定的制定目的和具体情形，机械适用规定，损害了教师的合法权益。因此，法院判决幼儿园败诉，认定幼儿园违法解除劳动关系，应予支付赔偿金。

问 对公办校教师有偿补课行为，学校可否直接开除？

答 不能。开除属于最严重的行政处分，在作出行政处分时，学校应严格依据规定来作出处理，行政处分要合法且适当。根据《事业单位工作人员处分暂行规定》第 24 条第 1 款第 7 项规定，对事业单位工作人员的处分，应将处分决定以书面形式通知受处分事业单位工作人员本人和有关单位，并在一定范围内宣布。《中小学教师违反职业道德行为处理办法》第 8 条规定："处分决定应当书面通知教师本人并载明认定的事实、理由、依据、期限及救济途径等内容。"因此，即便要做出开除的行政处分，也要履行告知程序并向主管部门报备请示。

问 教师侵权行为主要有哪些类型？

答 教师侵权行为主要有以下4种类型：(1)肉体体罚行为；(2)变相体罚行为；(3)精神和名誉上的侮辱侵权行为，如恐吓、侮辱、孤立等；(4)刑事犯罪行为，如故意伤害罪、侮辱罪、性侵害等。存在《学生伤害事故处理办法》第9条第9项规定的学校教师或者其他工作人员体罚或者变相体罚学生，或者在履行职责过程中违反工作要求、操作规程、职业道德或者其他有关规定的；以及第10项规定的学校教师或者其他工作人员在负有组织、管理未成年学生的职责期间，发现学生行为具有危险性，但未进行必要的管理、告诫或者制止的行为的，教师应承担相应的侵权责任。

问 学生在校期间受到伤害，如何归责？

答 1. 根据《民法典》第1199条规定，无民事行为能力人在幼儿园、学校或者其他教育机构学习、生活期间受到人身损害的，幼儿园、学校或者其他教育机构应当承担侵权责任；但是，能够证明尽到教育、管理职责的，不承担侵权责任。因此，在校学生为8周岁以下无民事行为能力人的，在校期间发生的人身损害，适用的归责原则是过错推定原则。

2. 根据《民法典》第1200条规定，限制民事行为能力人在学校或者其他教育机构学习、生活期间受到人身损害，学校或者其他教育机构未尽到教育、管理职责的，应当承担侵权责任。8周岁以上、18周岁以下的青少年学生属于限制民事行为能力人，在校期间发生的人身损害，适用过错责任原则。

问 学生自杀自伤的，学校教师是否应担责？

答 学生在校期间自杀、自残，教师是否应担责，取决于两个条件：一是学生自杀自残与教师行为有无一定的因果关系；二是教师行为是否违法。由于教师的违法行为造成学生的自杀自残，教师可能还涉及刑事责任。假设有学生考试作弊，被监考老师当场抓住，并按考场规定进行了处理，学生因羞愧而自杀。尽管教师的行为与学生自杀存在因果关系，但教师的行为是合法的，因此学校和教师都不应当承担责任。

问 学生人身损害事故发生之后，学校和教师如何划分责任？

答 确定责任主体时，要确认事故发生的原因是教师职务行为造成的，还是教师个人行为造成的。如果是个人行为造成的，则由教师个人承担相应的法律责任。如果是教师按照学校要求进行相关教育教学活动，一般视为职务行为，由此造成的赔偿责任主要由学校承担，学校承担赔偿责任后，可以向教师进行追偿。

问 中小学教师具有哪些教育惩戒权利？

答《中小学教育惩戒规则（试行）》第 8 条规定了教师在课堂教学、日常管理中，对违规违纪情节较为轻微的学生，可以当场实施以下教育惩戒：（1）点名批评；（2）责令赔礼道歉、做口头或者书面检讨；（3）适当增加额外的教学或者班级公益服务任务；（4）一节课堂教学时间内的教室内站立;(5)课后教导;(6)学校校规校纪或者班规、班级公约规定的其他适当措施。

问 教师不可实施的惩戒行为有哪些?

答《中小学教育惩戒规则(试行)》第 12 条规定了教师在教育教学管理、实施教育惩戒过程不得有的 8 种行为:(1)以击打、刺扎等方式直接造成身体痛苦的体罚;(2)超过正常限度的罚站、反复抄写,强制做不适的动作或者姿势,以及刻意孤立等间接伤害身体、心理的变相体罚;(3)辱骂或者以歧视性、侮辱性的言行侵犯学生人格尊严;(4)因个人或者少数人违规违纪行为而惩罚全体学生;(5)因学业成绩而教育惩戒学生;(6)因个人情绪、好恶实施或者选择性实施教育惩戒;(7)指派学生对其他学生实施教育惩戒;(8)其他侵害学生权利的。

问 教师在校期间遭受侵权时,如招聘歧视、考核不公、违规处理、拖欠工资、违法解聘等,通过哪些救济途径维护自己的权利?

答 公办校在编教师对学校或者其他教育机构侵犯其合法权益的,或者对学校或者其他教育机构作出的处理不服的,根据《教师法》第 39 条的规定,可以向教育行政部门提出申诉。教师对学校的处理决定不满的,可以依据《事业单位工作人员申诉规定》先申请复核,之后提起申诉或再申诉。对教育主管部门作出的吊销教师资格证、工作调动等行政行为不满的,可依据《行政复议法》和《行政诉讼法》提行政复议、行政诉讼。

对民办校非在编教师而言,其与用人单位之间的劳动争议,如工资、工时、解雇等事项,应依据《劳动法》《劳动合同法》《劳动争议调解仲裁法》等劳动法律框架来寻求解决路径。

典型案例分析

以案说法为纠纷处理提供具体的参考

案件名称:欧阳某某诉泰和县第三中学健康权纠纷案

案号:(2020)赣08民终92号

审理法院:江西省吉安市中级人民法院

案例来源:Alpha案例平台

基本案情 原告欧阳某某为泰和县第三中学学生。2019年5月31日,原告因政治考试成绩未达标被政治老师罚蹲300个,之后原告感觉腿部疼痛难忍,在家休息2天后腿部疼痛并未减轻,反而加剧。2019年6月5日,原告发现尿液颜色不正常并告知其母亲潘某。经泰和县人医院检查发现原告病情严重,建议转上级医院治疗。后经江西省儿童医院治疗10天,原告病情有所好转并出院。基于上述事实和理由,原告提出如下诉讼请求:1. 判决被告赔偿原告医疗费、护理费等各项损失暂定

52,431.96 元;2. 本案诉讼费由被告承担。

一审法院观点 原告 2019 年 5 月 31 日曾被罚 300 个深蹲,而后发生的横纹肌溶解症应与活动过度有一定关系。因此,判决泰和县第三中学赔偿欧阳某某因伤所致各项损失共计 52,431.96 元,核减已支付的 35,000 元,尚需支付 17,431.96 元。

宣判后,泰和县第三中学向吉安市中级人民法院提起上诉。

二审法院观点 学生欧阳某某并无违规违纪行为,中学任课老师在教学过程中是以学生考试成绩未达标而罚其深蹲 300 个。任课老师的处罚行为于法无据,属于变相体罚,具有违法性。老师行使教育惩戒权惩罚学生,主观上虽然没有伤害学生身体的故意,但客观上已造成原告欧阳某某因身体受伤而受有实际损失,行为和结果之间存在一定因果关系,因此学校对学生的受伤应当承担赔偿责任。

律师分析 本案是一起典型的涉教育惩戒权案件。学习成绩不达标不属于教育惩戒事项,学校不得以学生学习成绩不达标为由对学生行使教育惩戒权,如造成人身伤害,应当承担赔偿责任。《中小学教师实施教育惩戒规则(征求意见稿)》严格禁止体罚和变相体罚,包括教师在教育教学管理、实施教育惩戒过程中,不得有以击打、刺扎等方式,直接造成身体痛苦的体罚行为,也不得有超过正常限度的罚站、反复抄写,强制做不适的动作或者姿势等间接伤害身体、心理的变相体罚行为。《学生伤害事故处理办法》也明确规定,教师体罚学生,学校应当依法承担相应的责任。学校承担责任后有权向教师追偿并对教师进行处分。

008

虚拟财产涉及的法律问题

FM99.6 厦门综合广播《新闻招手停》第 154 期

主持人：海蕾

主讲人：刁玫律师[1]、王楚律师[2]

---

① 刁玫律师，福建旭丰律师事务所高级合伙人，获评福建省金融证券保险专业、婚姻家事法专业律师、福建省履行社会责任先进律师、厦门市优秀律师。政协思明区第九届委员会委员、厦门市法学会诉讼法学研究会常务理事、厦门大学法学院实践教学导师、厦门市律协女律师工作专门委员会副主任、厦门市律协民事专业委员会副主任、厦门市中级人民法院、思明区人民法院特邀律师调解员、厦门市海沧区人民法院儿童权益保护观护员、厦门市医患纠纷调解委员会医学专家成员。

② 王楚律师，福建旭丰律师事务所律师，厦门市法学会诉讼法学研究会理事，专注领域为金融保险、婚姻家事、经济合同。

热点问题发现

探寻社会中关注度高的热点问题

1. 什么是虚拟财产?
2. 虚拟货币的投资有什么法律风险?
3. 合作运营微信公众号的注意事项

常见问题解答

一问一答为常见法律问题提供指南

问 **什么是虚拟财产?**

答 虚拟财产目前并没有明确的法律定义。一般来说,虚拟财产可以理解为是以数据形式存在于特定的空间,具有一定的价值,可以被人们所掌控,并且在一定条件下可以进行交易的一种特殊财产。

虚拟财产大致可以分为三种类型:第一种是网络游戏中的虚拟财产,包括账号、货币、角色、装备、宠物、道具等;第二种是网络社区中的账号、货币、积分、用户级别等;第三种是其他网络虚拟财产,比如 QQ 号、微信号、电子邮箱、网店账号等。

问 **比特币属于虚拟财产吗?**

答 目前对比特币更多的定义是虚拟货币。所谓虚拟货币,其实是一种数字化的价值表示,即在电子形式下存在和使用,不像传统货币一样有实体形态。不同的机构和组织对虚拟货币的定义有所不同，但是一般都会强调它与法定货币的区别，以及它是在特定的虚拟社区中被接受和使用的。

问 我国法律中对虚拟货币有专门的规定吗？

答 我们国家是不认可虚拟货币的货币属性的。也就是说，虚拟货币和货币不具有同等的法律地位，不能也不应作为货币在市场上流通使用。我国有明确的法律规定，代币发行融资是绝对禁止的。所谓代币发行融资，是指融资主体违规通过发售虚拟货币来筹集资金，比如比特币、以太币等，这本质上是一种非法公开融资的行为，涉嫌非法发售代币票券、非法集资、金融诈骗、传销等违法犯罪活动。

问 微信公众号有经济价值吗？

答 微信公众号有经济价值。因为微信公众号有自己的标识、栏目架构以及运营理念等，是可以与运营平台和其他网络用户区分开的，具有独立性、可支配性及商业营利价值，属于网络虚拟财产。但是微信公众号与一般资产不同，其价值除取决于客观因素外，一定程度上还依赖于运营方投入的智慧和劳动成本。

问 合作运营微信公众号有哪些注意事项？

答 合作运营微信公众号，最重要的是要签订书面的合作协议，要在协议里面约定清楚注册的主体，收益分配的规则，后续加入、退出经营条件,各方权利义务关系等问题,以避免后期纠纷。

典型案例分析

以案说法为纠纷处理提供具体的参考

案件名称:张某与叶某合同纠纷

案号:(2018)闽0203民初8352号

审理法院:厦门市思明区人民法院

案例来源:中国裁判文书网

基本案情 淘铺王是一个专门用来交易网店的平台。张某通过这个交易平台向叶某购买了一个叶某自有的网店,双方也签订了转让合同。淘宝店铺的买卖,实质上是淘宝店铺关联账号的买卖,因此双方在合同中特别约定,叶某把网店转让给张某后,不得以任何方式向网店所在的网络平台即淘宝网找回密码或者修改会员账号、密码,也不得转移账号内资金。若叶某违反该条款,张某有权解除合同,并要求叶某双倍退还已收取的转让费用。

没过多久,叶某就通过淘宝网"找回密码"方式修改了网店的账号、密码,盗走网店账户并转走网店账户资金4000余元。张某收到支付宝重置密码提醒邮件、淘宝店铺账号修改邮件之后,就立刻给叶某发微信,让他挂失店铺,但彼时叶某已经把张某拉黑了。于是,张某就将叶某和淘铺王告上法庭,要求解除三方签订的转让合同,并由叶某向他支付违约金。

法院观点 民事主体从事民事活动,应当遵循诚信原则,秉持诚实,恪守承诺,违反合同约定应承担违约责任。叶某、张某与淘铺公司共同签订《淘宝网店转让居间合同》系三方真实意思表示,内容合法有效,本院予以确认,合同内容各方应共同遵守。依据该合同,叶某、张某通过淘铺公司居间,以1.2万元的价格交易“聚美风”网络店铺。张某已依约履行合同义务向淘铺公司支付了合同价款,淘铺公司亦已依约履行居间义务将合同价款支付给叶某。现张某主张叶某违反合同约定擅自收回合同转让标的物(“聚美风”网络店铺)且转移账号内资金,虽然没有单一的直接证据证明店铺账户的各项修改及资金转移行为确系叶某本人所为,但鉴于淘宝网店的注册人系叶某,绑定的银行卡系叶某的银行卡,张某提供的各项证据已构成了完整的证据链,足以证明叶某本人通过“找回密码”的操作,修改店铺账户绑定的手机号、登录方式,未经张某许可擅自转移店铺账户内资金4000.47元,且在事发后拉黑张某微信的事实。叶某的上述行为,违背了诚实信用原则,应予谴责;且其直接违反了合同第三条第一款的约定,导致张某失去对《淘宝网店转让居间合同》标的物——淘宝网店的控制并蒙受保证金等相应的经济损失。根据合同第五条和第六条的约定,张某有权解除合同并要求叶某双倍退还已收的转让费用。现张某诉请解除合同并要求叶某支付违约金 24,000 元,具有事实与法律依据,本院予以支持。

裁判结果 (1)解除张某与叶某于 2018 年 1 月签订的《淘宝网店转让居间合同》;(2)叶某应于本判决生效之日起十日内向张某支付违约金 24,000 元。

律师分析 这个案件有一个难点在于如何证明叶某确实进行了修改账号密码、转移资金的行为。张某实际上并没有直接证据证明店铺账户的各项修改及资金转移行为确实是叶某本人所为,但是法院最终结合淘宝网店的注册人是叶某,绑定的银行卡也是叶某的银行卡等事实,认定张某提供的证据已构成了完整的证据链,足以证明叶某本人通过"找回密码"的操作,修改店铺账户绑定的手机号、登录方式,并未经张某许可擅自转移店铺账户内资金的事实,且在事发后从好友列表中拉黑了张某微信。

这是全国首例淘宝网店转让后又被原始注册人盗回的司法案例,不仅是厦门法院 2019 年度十大典型案件之一,也入选了《中国互联网司法白皮书》。这个案件审理完毕之后,法院就审判中发现的问题深入开展调研,并向阿里巴巴集团发出司法建议,让存在较大风险隐患的"地下交易"转为在平台指导下合法、有序、安全的交易，促进了电子商务这一新业态的健康发展。该司法建议得到阿里巴巴集团的积极响应，并推动了全国淘宝网店交易规则的改变，取得了良好的社会效果。

Part Two

第二编 婚姻家庭、继承

2

009

“彩礼新规”及典型案例

FM99.6 厦门综合广播《新闻招手停》第132期

主持人：海蕾

主讲人：方凡佳律师①、陈力律师

热点问题发现

探寻社会中关注度高的热点问题

1.“彩礼新规”的制定背景和意义是什么？

2.“彩礼新规”的主要内容是什么？

3.彩礼与订婚或者婚约在法律上有关联吗？

---

① 方凡佳律师，厦门大学法学院民商法学硕士；福建旭丰律师事务所高级合伙人、党总支委员、民事专业委员会主任；入选省市两级优秀青年律师人才库；厦门市中级人民法院调解员；厦门大学法学院兼职讲师；福建省律师协会首批专业评定律师；内地—香港联合调解中心国际专业调解员。

4. 法院是否可以调整彩礼数额？
5. 发生纠纷，双方父母可以参与诉讼吗？
6. 是否可以要求对方返还嫁妆？
7. 男女双方已经共同生活，但未办理结婚登记手续，能要求返还彩礼吗？

常见问题解答

一问一答为常见法律问题提供指南

问 “彩礼新规”的制定背景和意义是什么？

答 近年来，随着经济社会的发展，高额彩礼问题越发凸显，引发较多家庭矛盾、社会矛盾。涉彩礼纠纷案件呈上升趋势，甚至出现因彩礼返还问题引发的恶性刑事案件。为此，自 2021 年起，“中央一号文件”连续三年提出治理高额彩礼、移风易俗的工作要求。然而，在法律制度层面，无论是原来的《婚姻法》还是《民法典》，对于彩礼问题都没有明确规定。仅在《最高人民法院关于适用〈中华人民共和国婚姻法〉若干问题的解释（二）》第 10 条第 1 款规定了彩礼返还问题，而《最高人民法院关于适用〈中华人民共和国民法典〉婚姻家庭编的解释（一）》沿用了上述规定，未作修改。该条文对彩礼返还的限制较为严格，不足以解决近些年社会生活中出现的各种问题。为了统一规范，解决实践中裁判尺度不一、同案不同判的问题，最高人民法院全面总结近年来司法实践经验，制定了

《最高人民法院关于审理涉彩礼纠纷案件适用法律若干问题的规定》（以下简称“彩礼新规”）。

问 “彩礼新规”的主要内容是什么？

答 “彩礼新规”总共七个条文，规定了彩礼认定范围、彩礼返还原则、诉讼主体资格等重点难点问题，与《最高人民法院关于适用〈中华人民共和国民法典〉婚姻家庭编的解释（一）》结合，形成逻辑完整的彩礼纠纷法律适用规则。

“彩礼新规”第1条明确彩礼与恋爱期间一般赠与的区别。前者的给付一般是基于当地风俗习惯，男女双方是以将来能够结婚并共同生活作为隐含的目的或动机，法院可以根据本规定支持彩礼返还请求。而后者法院通常不支持返还。“彩礼新规”第2条规定是《民法典》第1042条“禁止借婚姻索取财物”规则在彩礼问题上的进一步延伸。“彩礼新规”第5条考量了现实生活中出现越来越多的“闪离”情况。在“闪离”情况下，如果对相关返还彩礼的诉讼请求完全不予支持，尤其是举全家之力给付的高额彩礼，会使双方利益明显失衡，裁判时应当予以适当调整，根据彩礼实际使用及嫁妆情况，综合考虑彩礼数额、共同生活及孕育情况、双方过错等事实，确定是否返还以及返还的具体比例。

问 彩礼与订婚或者婚约在法律上有关联吗？

答 婚约在我国有着悠久的历史。早在西周时期，订立婚约并交付彩礼就是成立婚姻的必经程序。近代以来，婚约已经不再是婚姻生效与否的要件。婚约不以书面形式作为要件，一般认为在一方给予彩礼、另一方接收的情况下，男女双方存在婚约。

问 法院是否可以调整彩礼数额？

答 当彩礼的金额过高，脱离了礼仪本质的时候，法律就可以通过公序良俗规则加以干涉。当然如何认定彩礼金额过高，由于法律没有明确规定，再加上我国幅员辽阔，不同地区、不同家庭差异很大，因此只能通过个案进行判断。过高部分完全可能因为违背公序良俗规则而被法院认定无效。法律行为的无效通常为整体无效，但因为高额彩礼的背俗性是由其过高的金额或价值决定的，只要将其调整到符合礼仪的合理水平，背俗性就会消失，故可令该彩礼金额过高部分无效，发生部分返还的法律后果。

问 发生纠纷，双方父母作为实际操办人可以参与到诉讼中吗？

答 现实情况中，按婚礼习俗，送、接彩礼大都由双方父母操办。本次“彩礼新规”对这一问题进行了明确，区分了两种情况进行规定。一种是在婚约财产纠纷中主张返还彩礼。此时男女双方并未正式登记结婚，原则上以男女双方当事人作为诉讼主体，但是考虑双方父母也可能参与其中，作为彩礼的给付方和接收方，为尊重习俗，便于查明彩礼数额、彩礼实际使用情况等案件事实，确定责任主体，婚约一方及其父母可以共同作为当事人。第二种情况是在离婚纠纷中同时主张返还彩礼。考虑离婚纠纷主要是先解决人身关系问题,因此本次新规规定,一方在离婚纠纷中提出彩礼返还的,诉讼主体仍然为夫妻双方当事人,不宜将父母纳入其中。

问 是否可以要求对方返还嫁妆?

答 嫁妆跟彩礼都是传统婚嫁习俗当中的重要组成部分。不同地区、不同家庭关于嫁妆的习俗、习惯存在较大差异。因此,对于嫁妆问题同样需要结合个案进行具体分析。如果说部分彩礼已经通过嫁妆的形式返还到新组建的家庭,并且转化为夫妻共同财产,那么在离婚时可以依照夫妻共同财产一并处理。如果女方陪送的嫁妆多于彩礼,考虑到彩礼与嫁妆的目的相似,是以夫妻长久共同生活为目的,则多出的部分可以基于《民法典》中平等原则,参照彩礼返还的规则处理。

问 如果男女双方已经共同生活,但是没有办理结婚登记手续,此时还能要求返还彩礼吗?

答 根据“彩礼新规”第 6 条,应当考虑具体案情,结合彩礼实际使用及嫁妆情况,综合考虑共同生活及孕育情况、双方过错等事实,结合当地习俗,确定是否返还以及返还的具体比例。

典型案例分析

以案说法为纠纷处理提供具体的参考

案件名称：刘某与朱某婚约财产纠纷案

案例来源：最高人民法院发布人民法院涉彩礼纠纷典型案例

基本案情 刘某与朱某（女）于2020年7月确立恋爱关系，同年9月登记结婚。在结婚当月，刘某向朱某的银行账户转账80万元，明确附言"彩礼"；另转账26万元，附言"五金"。此后，二人分别在不同省份的城市工作与生活。由于筹备婚礼等相关事宜，双方产生纠纷，便于2020年11月协议离婚，其婚姻关系存续时长不足三个月。婚后，双方未生育子女，亦无共同财产与共同债权债务。在此期间，双方曾有短暂的同居经历，并因筹备婚宴、拍摄婚纱照、共同旅游以及亲友间的相互往来等产生了部分费用。离婚后，双方就彩礼返还问题产生争议，刘某遂向法院提起诉讼，请求朱某返还彩礼共计106万元。

法院观点 彩礼，是男女双方在缔结婚姻关系时，一方依据民间习俗向另一方给付的钱物。就本案所涉款项的性质而言，除明确注明为"彩礼"的80万元款项外，备注为"五金"的26万元，同样符合婚礼习俗中对于彩礼的一般认知，故亦应认定为彩礼范畴。关于共同生活的认定，虽然双方已办理结婚登记手续，但从后续拍摄婚纱照、筹备婚宴等情况判断，双方仍处于按照习俗举办婚礼仪式的进程之中。双方当事人的婚姻关系仅存续不足 3 个月，且在此期间，双方分别在不同城市工作与生活，对于后续的工作、居住及生活等方面，并未形成一致的规划。尽管双方存在短暂的同居经历，但尚未构建起完整的家庭共同体，亦未形成稳定的生活状态，因此，不能认定双方已存在稳定的共同生活情形。鉴于双方已登记结婚，且刘某支付彩礼后，双方在共同筹备婚礼仪式、共同旅游以及亲友相互往来等方面存在共同开销，法院在判决时对该部分费用予以了扣减。

裁判结果 基于上述情形，法院综合考量各种因素，酌情认定朱某向刘某返还彩礼 80 万元。

律师分析 从上述案件不难看出，在彩礼返还纠纷中，共同生活的事实以及共同生活时长，是极为重要的参考因素。在双方已完成结婚登记的前提下，若认定双方存在共同生活事实，原则上彩礼不予返还。然而，共同生活时长同样不容忽视，毕竟婚姻并非简单的一次性交易。若共同生活时间极为短暂，且彩礼金额过高，极易引发双方利益失衡。此外，在彩礼返还问题的判定中，女方的孕育情况、双方的过错情形等因素，同样会对彩礼是否返还以及返还比例产生影响。对女方而言，生育子女必然使其承受更多的生理风险与心理压力，在此情形下，应当酌情减少彩礼返还金额，甚至可以不予返还。至于双方过错情形，原则上，不能因一方存在过错而使其完全丧失彩礼返还请求权，但也不能对过错情形视而不见。若给付彩礼一方存在家庭暴力、与他人另行订立婚约或结婚等严重过错行为，另一方则可以酌情减少彩礼返还比例；若接收彩礼一方存在严重过错，那么应当适当加大彩礼返还比例，这也正是《民法典》中诚实信用原则的具体体现。

010

同居关系中的法律风险

FM99.6 厦门综合广播《新闻招手停》第 170 期

主持人:海蕾

主讲人:陈宗敏律师[①]、张诗荣律师[②]

热点问题发现

探寻社会中关注度高的热点问题

1. 同居关系的定义

---

① 陈宗敏律师,福建旭丰律师事务所律师,福建旭丰律师事务所劳动法专业委员会主任,厦门市劳动和社会保障专业委员会委员,厦门市医惠纠纷调解委员会法学专家,厦门市积极履行社会责任律师,福建省劳动和社会保障、金融证券保险专业律师。

② 张诗荣律师,福建旭丰律师事务所金融业务部、婚姻家事与财富传承业务部成员,专注领域为金融证券保险、婚姻家事、民商事等法律事务。

2. 同居期间的财产如何分割？
3. 同居期间的债务如何处理？
4. 同居关系中因赠与产生的纠纷
5. 同居关系破裂时涉及“补偿金”的处理
6. 同居生子如何安排？
7. 同居关系之间是否享有继承权？

常见问题解答

一问一答为常见法律问题提供指南

问 同居关系是如何定义的？

答 同居是指男女双方未经结婚登记而具有较稳定的长期共同生活的状态。通常情况下，我们将同居分为三大类：婚内同居、婚外同居、非婚同居。婚内同居一般是指因婚姻被认定为无效或被撤销的同居；婚外同居一般是指有配偶者与婚外他人持续稳定的共同居住生活；非婚同居是指未办理结婚登记共同生活的情形。

我国法律对同居行为的禁止性规定主要有：第一，《刑法》第 259 条规定，明知是现役军人的配偶而与之同居或者结婚的，处三年以下有期徒刑或者拘役；第二，《民法典》第 1042 条规定，禁止有配偶者与他人同居。

问 同居期间的财产如何分割?

答 同居关系不同于婚姻关系,未婚同居期间的财产分割应按一般民事关系处理,适用《民法典》物权编的相关规定。同居期间一方的工资、奖金、生产经营收益等合法收入,原则上归其本人所有;同居期间双方共同购置的财产或共同经营的收入应根据《民法典》第308条、第309条的规定进行分割,即"有约定的从其约定;没有约定或约定不明确的,依出资额确定双方享有的份额;不能确定出资额的,由双方等额享有"。

问 同居期间的债务如何处理?

答 同居期间的债务问题分为两种情况:一是同居双方之间的债务;二是同居双方共同对外的负债。同居双方之间的债务问题属于民间借贷的范畴,适用民间借贷相关法律规定。同居期间双方共同对外负债,适用《民法典》第307条的规定,即"因共有的不动产或者动产产生的债权债务,在对外关系上,共有人享有连带债权、承担连带债务,但是法律另有规定或者第三人知道共有人不具有连带债权债务关系的除外;在共有人内部关系上,除共有人另有约定外,按份共有人按照份额享有债权、承担债务,共同共有人共同享有债权、承担债务。偿还债务超过自己应当承担份额的按份共有人,有权向其他共有人追偿"。实务中,法院认定债务属于双方同居期间的共同债务,系基于该债务于同居期间为共同生产、生活所形成。

问 同居关系中因赠与产生的纠纷如何处理？

答 同居关系期间的财物往来，主要分为借款或者赠与，具体为何种性质的财物往来，应综合考虑包括恋爱关系程度、转款附言、金额的特殊含义、花费的用途等因素。在同居关系期间，对于合理范围内的较小金额支出应认定为一般的赠与，比如买衣服、箱包、请客吃饭等价值较小的赠与，又比如特殊日期有特定含义的金额的赠与，像情人节、七夕节、生日、各种纪念日等特殊日期给的红包，“520”“521”“1314”等特殊含义的金额以及其他小额赠与，这些都可以推定为是双方表达爱意、培养感情的赠与。赠与财产一经交付，不能要求返还。

同居关系期间贵重物品的赠与，比如房产、汽车或较大金额的现金、银行卡、微信、支付宝转账等，由于所涉金额较大，一般是基于结婚目的的赠与。司法裁判中大多推定为彩礼或附条件赠与，如未能实现结婚目的，应承担返还责任。

另外，如果附条件赠与中所附义务的内容违反法律法规或公序良俗的，所附义务的内容无效，但不影响赠与合同其他内容的效力。例如，在同居关系中，赠与人的赠与行为附带“受赠人”负有与“赠与人”保持恋爱、同居关系的义务，这种义务就有违公序良俗，应认定不产生法律效力。

问 同居关系破裂时涉及“补偿金”的如何处理？

答 同居关系所约定的“分手”补偿金属于不可强制执行的自然债务，履行与否全凭债务人的意愿，法律不加干涉。但是如果履行，不得请求债权人返还，债权人接受也不是不当得利，法律承认其保持受领给付之权利。

但有例外情况。如有配偶者与他人同居，为解除同居关系，双方以借款或其他形式确定补偿金，另一方起诉要求支付该补偿金的，人民法院不予支持；有配偶者履行后反悔，主张另一方返还已支付补偿金的，人民法院也不予支持，但如果有配偶者是以夫妻共同财产给付的，合法配偶可起诉主张返还。

问 同居生子如何安排？

答 男女双方如果在同居期间生育子女，根据《民法典》第1071条规定，非婚生子女享有与婚生子女同等的权利，任何组织或者个人不得加以危害和歧视。在同居关系下，男女双方都有义务共同抚养孩子。

至于同居双方生育子女后分手的，双方所生的非婚生子女由双方协商由哪一方抚养；协商不成时，应由法院根据子女利益和双方的具体情况进行判决，不直接抚养非婚生子女的生父或者生母，应当负担未成年子女或者不能独立生活的成年子女的抚养费。

问 同居关系之间是否享有继承权？

答 同居关系之间是否享有继承权关键看双方是否形成事实婚姻。根据《最高人民法院关于适用〈中华人民共和国民法典〉婚姻家庭编的解释(一)》的规定,1994 年 2 月 1 日民政部《婚姻登记管理条例》公布实施以前,未依法办理结婚登记而以夫妻名义共同生活的男女,已经符合结婚实质要件的,按照事实婚姻处理。1994 年 2 月 1 日以后,男女双方符合结婚实质要件的,在案件受理前未补办结婚登记的。因此,按照事实婚姻处理的,一方可以配偶身份享有继承权;按同居关系处理的,无法以配偶的身份享有继承权。

典型案例分析

以案说法为纠纷处理提供具体的参考

案件名称:张某与王某华、杨某某民间借贷纠纷

案号:(2023)豫 0325 民初 2560 号、(2023)豫 03 民终 5552 号

审理法院:河南省嵩县人民法院、河南省洛阳市中级人民法院

案例来源:中国裁判文书网

基本案情 王某与杨某二人于 2019 年相识,2020 年 6 月办理结婚仪式,但未办理结婚登记,后二人共同生育一儿一女。二人于 2020 年 3 月注册成立某某公司,2021 年购买房屋一套,2022 年搬家至该房屋。2022

年 3 月，王某向原告借款 15 万元。原告催讨欠款无果，以借款系王某与杨某共同债务为由向法院起诉，要求王某与杨某归还借款 15 万元。二审中，原告补充提交证据，证明杨某两次生育时，王某均以配偶身份出现在住院病历中；王某与杨某共同经营某公司，由杨某担任法定代表人，杨某为该公司持股 100% 股东，案涉借款系用于公司的经营。

法院观点 一审法院认为，原告没有证据证明王某、杨某系夫妻关系，也无证据证明上述借款由王某、杨某共同使用，判决由王某向原告归还借款及利息。二审法院认为，认定王某与杨某是否应承担共同债务需满足两个条件：一是双方存在同居关系；二是该债务是基于共同生产或生活而产生。本案中，王某、杨某虽未登记结婚，但双方在 2020 年 6 月办理婚礼，长期以夫妻名义共同生活，且双方在共同生活期间分别于 2020 年 12 月、2022 年 4 月生育子女，可以认定双方属于未婚同居关系。案涉借款发生在王某与杨某共同生活期间，结合事实可以认定案涉款项用于王某、杨某共同经营或共同生活，且借款均转入杨某银行账户，可以推定杨某对案涉借款系明知。另外，在原告已知王某、杨某办理婚礼并生育子女的情况下，其作为善意第三人，无法明确知道借款时王某、杨某是否办理结婚登记等情况。若因王某、杨某二人未办理结婚登记就认定为不属于共同债务，对债权人一方的举证责任要求过高。故案涉借款应认定为王某、杨某共同债务，由双方共同负责偿还。

裁判结果 王某、杨某向张某归还借款15万元。

律师分析 同居期间为共同生产、生活而形成的债权、债务，可按共同债权、债务处理。本案中二被告长期共同生活，并共同经营一家公司，双方的收入与支出存在混同，故可以认定二被告在同居期间存在共同生活、经营的情况。且所借款项用于王某与杨某共同经营的公司，故案涉借款属于王某和杨某的共同债务。

011

浅谈“非婚生”子女的权益保护

FM99.6 厦门综合广播《新闻招手停》第155期

主持人：海蕾

主讲人：王俊美律师[①]、黄伟霖律师[②]

热点问题发现

探寻社会中关注度高的热点问题

1. 什么是“非婚生”子女？

---

① 王俊美律师，福建旭丰事务所执业律师，法学硕士，厦门市优秀青年律师人才库入库律师，入选福建省青年律师领军人才训练营，厦门市湖里区法律援助中心入库律师，婚姻家庭咨询师，于2023年获厦门律师论坛优秀论文一等奖。

② 黄伟霖律师，福建旭丰律师事务所执业律师，法学硕士，厦门市优秀青年律师人才库入库律师，厦门市律师协会企业合规专业委员会委员，厦门市湖里区法律援助中心入库律师，旭丰所2022～2023年度履行社会责任先进律师。

2.《民法典》对“非婚生”子女的保护主要体现在哪些方面？

3.在司法实践中，“非婚生”子女所面临的主要问题

常见问题解答

一问一答为常见法律问题提供指南

问 非婚生子女的概念？

答 实际上，《民法典》及其他相关法律法规并没有对非婚生子女的概念进行明确规定。按照通常字义理解，非婚生子女是指没有婚姻关系的男女所生的子女。

现实生活中，非婚生子女主要有以下几种情况：一是未婚男女所生的子女；二是已婚男/女与第三人所生子女；三是被确认无效或被撤销的婚姻的当事人所生子女。上述情况在有的国家视为非婚生子女，有的国家则基于保护子女权益的需要仍然视为婚生子女。

问 《民法典》对非婚生子女的权利是如何规定的？

答 《民法典》第1071条规定：非婚生子女享有与婚生子女同等的权利，任何组织或者个人不得加以危害和歧视。不直接抚养非婚生子女的生父或者生母，应当负担未成年子女或者不能独立生活的成年子女的抚养费。

问 非婚生子女可能会面临哪些法律问题？

答 一方面，非婚生子女可能会面临来自家庭内部的歧视和危害。当非婚生子女的生父或者生母与第三方结婚，非婚生子女一般也会随父亲或者母亲来到新的家庭。由于非婚生子女的加入涉及家庭财产的分割等若干利益冲突，非婚生子女可能会受到新家庭成员的歧视或虐待。另一方面，非婚生子女可能会面临来自社会各方面的歧视和危害。虽然近些年来随着社会经济的发展，人们对非婚生子女的认识有了很大的改变，但仍然有一部分人将对非婚生子女生父母行为的异议和鄙视发泄在非婚生子女身上，导致这些孩子的身心受到了极大的伤害。孩子的成长环境对其有着巨大的影响，社会各方面不仅不应歧视和迫害非婚生子女，还应当认识到非婚生子女是无辜的，他们的出生并非自己所选择，应当对其给予应有的尊重和保护，给予更多的关爱，以弥补他们在家庭生活中的缺憾。总之，为非婚生子女营造一个健康的生存环境，应当成为社会文明程度的标志。

问 非婚生子女的生父/母是否要承担抚养费？

答 非婚生子女的生父、生母均应当负担非婚生子女的抚养费。我国1980年通过的新《婚姻法》仅规定非婚生子女的生父应当负担其子女生活费和教育费的一部分或全部，这主要是由于当时非婚生子女一般都是随生母生活，因此法律上需要强调生父应当承担的责任。但是，社会生活中亦有不少非婚生子女随生父生活的情况，这就要求法律对这种情况作出规定,以明确非婚生子女的生母在此情况下应当承担的责任,否则会造成非婚生子女的生父、生母法律地位的不平等,无法充分保障非婚生子女的健康成长。因此,我国在2001年修正《婚姻法》时对此问题作出了修改,明确未直接抚养非婚生子女的,无论是生父还是生母,都应当负担子女的生活费和教育费,直到子女独立生活时为止。《民法典》对这一规定作了进一步的完善,明确不直接抚养非婚生子女的生父或者生母,应当负担未成年子女或者不能独立生活的成年子女的抚养费。如果不与非婚生子女生活在一起的一方拒绝履行抚养义务,那么非婚生子女有权向人民法院起诉要求其承担相应的义务。

问 非婚生子女对其生父母是否有继承遗产的权利?

答《民法典》第1127条规定:“遗产按照下列顺序继承:(一)第一顺序:配偶、子女、父母;(二)第二顺序:兄弟姐妹、祖父母、外祖父母……本编所称子女,包括婚生子女、非婚生子女、养子女和有扶养关系的继子女……”这一规定使非婚生子女在继承时与婚生子女享有完全相同的权利和义务,非婚生子女不会因为其出身问题受到不公平的待遇、在继承财产时不分或者少分。同样,非婚生子女的父母继承非婚生子女的财产时,他们之间的权利和义务也完全等同于一般父母子女之间的权利和义务。

典型案例分析

以案说法为纠纷处理提供具体的参考

案件名称：小洪与洪某抚养费纠纷案

审理法院：厦门市翔安区人民法院

案例来源：中国裁判文书网

基本案情 陈某与洪某是同学，于2014年11月在福建省厦门市非婚生女小洪，小洪患有先天小耳症（经医疗机构评定为听力残疾一级）和过敏性哮喘。陈某与洪某共同生活至2015年11月，后陈某将小洪带至四川省自贡市生活至今。小洪的父亲洪某向陈某支付700元后未再支付小洪的抚养、医疗、教育等相关费用。陈某暂无经济来源，多次向洪某索要抚养费、医疗费未果。

法院观点 2020年3月，四川省自贡市自流井区妇联、公共法律服务中心向自流井区检察院反映小洪追索抚养费困难问题。她的母亲陈某向自流井区检察院提出支持起诉申请。后自流井区检察院向自流井区法院发出了《支持起诉书》，支持陈某向法院提起诉讼追索抚养费。自流井区法院以跨域立案方式将该案推送至厦门市翔安区人民法院，后由厦门市翔安区人民检察院跟进支持陈某在厦门市翔安区人民法院提起诉讼。

经过自流井区检察院与厦门市翔安区人民法院沟通后，该法院同意陈某暂缓缴纳诉讼费用，并帮助陈某联系法律援助律师。

裁判结果 2020年6月22日，厦门市翔安区人民法院作出一审判决：(1)陈某和洪某甲的非婚生子女洪某乙由陈某抚养；(2)洪某甲自本判决生效之日起十日内向陈某支付洪某乙自2015年12月至2020年4月的抚养费76,901.63元；(3)自2020年5月起至洪某乙18周岁且能独立生活时止，洪某甲每月1日前向陈某支付洪某乙的抚养费1200元。

律师分析 本案中，检察机关依法支持起诉助力维权，严格落实“非婚生子女与婚生子女依法享有同等权利”的法律规定。《民法典》第1071条虽规定了非婚生子女与婚生子女依法享有同等权利，生父或生母承担非婚生子女的抚养责任是法定义务，但现实中非婚生子女往往难以享有与婚生子女同等权利，未承担抚养义务的一方不支付抚养费的情况较为常见。这个典型案例的裁判有利于维护非婚生子女的合法权利，推动和弘扬“非婚生子女与婚生子女享有同等权利、生父母应当依法承担非婚生子女抚养责任”的善良风俗。

012

双方均同意离婚时法院可否不准离婚

FM99.6 厦门综合广播《新闻招手停》第 151 期

主持人:海蕾

主讲人:姬慧娟律师①、邱碧婷律师②

热点问题发现

探寻社会中关注度高的热点问题

1. 被告同意离婚时,是否法院一般判决:准许原告与被告离婚?

---

① 姬慧娟律师,山东大学学士,心理咨询师,婚姻家庭咨询师,厦门市中级人民法院特邀调解员,厦门市律师协会婚姻家庭与财富传承专业委员会委员。

② 邱碧婷律师,福建旭丰律师事务所房地产专业委员会、公司法专业委员会委员,厦门市思明区人民法院法援咨询律师,曾为厦门市某地方法规、规范性文件立法调研项目提供法律服务,现为厦门国际邮轮母港集团、厦门道诣堂、厦门隐庐文化等企业常年法律顾问。

2. 双方均同意离婚、据此认定夫妻感情确已破裂时，法院可以不准离婚吗？
3. 离婚自由是相对的，哪些情况下，即便双方同意离婚，法院也可以不准离婚？

常见问题解答

一问一答为常见法律问题提供指南

问 在被告同意离婚的判决书中，我们通常会看到：现原告起诉离婚，被告亦表示同意，足以证明夫妻感情确已破裂，故本院对原告主张与被告离婚的诉讼请求予以支持，判决如下：准许原告与被告离婚。那么，双方均同意离婚的情况下，法院有可能判决不准离婚吗？

答 国家法官学院和最高人民法院司法案例研究院印发的《中国法院2023年度案例》中有一个离婚案件①，离婚诉讼的双方为闻某某和沈某某，其未成年子女沈某患有自闭症，较其他健康的未成年人而言，沈某的学习、生活，特别是在心理上需要父母更多的陪伴和呵护。案件中，闻某某和沈某某多次强调自身客观困难，推卸人伦情感上的和法定义务上的应当由二人承担的责任，拒绝在离婚后抚养沈某，其行为不仅违反了法律规定，也违背了公序良俗。出于保障沈某合法权利的考虑，法院对闻

① 江苏省无锡市锡山区人民法院(2021)苏0205民初1265号。

某某提出离婚的请求不予支持，希望双方能反思自己的行为，致力于修复双方感情。即便双方感情无法修复，也应为沈某的健康成长考虑，妥善解决双方之间的矛盾。

尊老爱幼是中华民族的传统美德，未成年人的健康成长承载着国家的未来和民族的希望。对离婚纠纷的处理，不仅关乎夫妻双方婚姻关系的认定，同时也涉及对子女、财产等一系列问题的处理。特别是在涉及子女抚养问题时，应充分考虑未成年子女的合法权益，最大限度地保护未成年人。父母依法履行对未成年子女的抚养义务，既是家庭责任，更是社会责任。闻某某和沈某某拒绝在离婚后抚养沈某，与中华民族的传统美德相悖，理应在法律上受到否定性评价。

问 为未成年子女的合法权益而判决不准离婚，是否有违婚姻自由原则？

答 基于离婚案件复合之诉的特征，人民法院在判决离婚时，会综合考量子女抚养问题。具体到上述案件，法院将未成年子女权益保障放在首位，就夫妻双方拒绝抚养未成年子女的情况判决不准离婚，主要是基于以下三个方面的考虑。

首先，离婚案件是涉及身份关系、抚养义务等问题的复合之诉。离婚制度虽然强调保护当事人婚姻自由的合法权利，存在一定的个人价值倾向，但是享受权利或实现自由不能以牺牲社会或者家庭的整体利益为代价，基于婚姻关系社会化的特征，婚姻当事人必须承担一定程度的社会责任。这就要求裁判者在处理离婚纠纷时不能片面地考虑个人情感，而应衡平个人、家庭与社会的整体利益，对各方的权利、义务与责任做出整体考量。

其次，父母对未成年子女的抚养义务不因婚姻关系的变化而改变。本案中，闻某某和沈某某均同意离婚，但这一情形并不能免除双方对沈某的抚养义务。双方均拒绝在离婚后直接抚养沈某的行为已经违法，必须在该违法情形得到纠正后方可准予双方离婚。

最后，是否准予离婚应当充分考虑公序良俗和对未成年子女权利的保障。本案涉及患病的未成年子女的抚养，因此法院在审理时应把对沈某的保护作为本案离婚裁判的必要因素，在沈某今后健康成长未得到充分保证的情况下，不宜简单地以夫妻感情已破裂为由准予双方离婚。

由此可见，虽然《民法典》规定“我国实行婚姻自由、一夫一妻、男女平等的婚姻制度”，并且双方均同意离婚、夫妻感情已经破裂，但法院依然有权以疾患未成年子女的合法权益未得到保障为由不准离婚。

问 如果双方都同意离婚，但对于离婚方案存在分歧，弱势配偶一方要求对方提供一定的经济帮助，这种情况下可以判决不准离婚吗？

答 如果离婚会导致弱势配偶一方的生活陷入较大困难，可以通过离婚经济帮助等方式来实现救济和平衡，不应直接以此限制另一方的离婚自由。

法律无力强制婚姻的存续，法律所能做的是防止离婚制度被滥用而导致感情尚未破裂的婚姻被解除。出于公平的理念，为了子女的利益，考虑在婚姻关系存续期间作为共同生活体生活的夫妻双方所付出的信赖，法律对离婚时弱势配偶和子女的利益尽可能周详地给予保护。

配偶关系始于双方的合意、落实于共同生活，具有极强的人身属性，对配偶一方即便存在精神上的严重不利益，也无法强制双方共同生活、强制婚姻实质存续，且配偶之间的关系有别于父母子女之间存在的天然持续一生的血缘关系，弱势配偶一方经济上的严重不利益可以通过离婚经济帮助制度来弥补和平衡。所以，不宜以离婚有损弱势配偶权益为由限制离婚自由。

问 如果双方都同意离婚，但对于财产和债务的分割存在很大分歧，这种情况下可以判决不准离婚吗？

答 如果离婚导致夫妻双方的财产分割可能产生较大的负面影响，考虑离婚自由是当事人重大的人身权利，在限制该自由时，法院所要保护的法益应当价值足够重大，例如，前述的应确保未成年子女得到抚养、教育和保护的权益等。俗话说“钱财乃身外之物”，财产权利相对人身权利而言，在价值位阶上一般并不优先，故一般不应以财产原因限制离婚自由。

具体操作上，如果双方已经同意离婚，只是对财产部分争议较大，同时财产问题相当棘手、处理起来耗时冗长，建议可以拆分离婚诉讼中的人身纠纷和财产纠纷，先解除婚姻关系，再以其他案由来审理财产纠纷，以更好地实现公平和效率的平衡。

问 离婚冷静期是不是限制了离婚自由？

答 即便《民法典》增加了离婚冷静期的规定，我国依然是当今世界上离婚最容易的国家之一。“保障离婚自由，反对轻率离婚”应当成为离婚立法和实践的基本指导思想。

所谓保障离婚自由，就是要保障当事人协议离婚的自由权和诉讼离婚的起诉权[①]、抗辩权、胜诉权。起诉权、抗辩权是诉讼离婚的手段，胜诉权只是一种期待权，是诉讼离婚的目的，当事人的胜诉权是否能够实现，必须通过法律程序，由人民法院决定。因此，现行法律规定的离婚自由是有条件，是相对的。只有符合法定条件，当事人的离婚胜诉权才能够实现。司法应当保障公民的离婚自由，对依法应当离婚的，应准许离婚。

反对轻率离婚，是要反对对离婚的不严肃态度。轻率离婚是指在婚姻关系尚未破裂的情况下，草率地解除婚姻。这是一种对个人、对家庭、对社会不负责任的行为，是对离婚自由的曲解和滥用，从根本上是不符合婚姻关系本质和社会公共利益的。婚姻关系是一种社会关系，婚姻家庭是社会的细胞组织和基本单位，婚姻家庭关系不稳定，势必影响社会

---

① 我国法律在女方怀孕期间、分娩后一年内和终止妊娠后六个月内对男方的离婚起诉权进行限制。

稳定。轻率离婚的危害性体现在：不利于维护当事人本人的根本利益，对配偶他方、对子女、对其他近亲属都可能造成直接或间接、物质或精神上的损害，甚至有可能引发恶性事件的发生。反对轻率离婚，既是保护公民根本的家庭利益和社会利益的要求，也体现了婚姻本质的要求。

反对轻率离婚和保障离婚自由的目的是一致的，是为了建立民主和睦的家庭生活，保护公民的合法权利，反对包办买卖和其他干涉婚姻自由的行为。离婚自由应以社会主义法律和道德为准则，对喜新厌旧、见异思迁、道德败坏、破坏他人家庭关系、追求个人物质生活享受、不顾他人痛苦和不顾家庭、子女利益的不道德行为，应当给予否定评价。

013

离婚十问

FM99.6 厦门综合广播《新闻招手停》第 161 期

主持人：海蕾

主讲人：师利玲律师①、邱碧婷律师②

热点问题发现

探寻社会中关注度高的热点问题

1. 通过民政局如何办理离婚手续？

2. 诉讼离婚的管辖法院如何确定？

---

① 师利玲律师，福建旭丰律师事务所律师，厦门大学法律硕士，厦门市律师协会企业合规委员会委员国际争议解决及风险管理协会认证的专业商业调解员，专注领域为公司股权争议解决。

② 邱碧婷律师，福建旭丰律师事务所房地产专业委员会、公司法专业委员会委员，厦门市思明区人民法院法援咨询律师，曾为厦门市某地方法规、规范性文件立法调研项目提供法律服务，现为厦门国际邮轮母港集团、厦门道诣堂、厦门隐庐文化等企业常年法律顾问。

3. 判决离婚的标准是什么？

4. 首次起诉离婚一定“不判离”吗？

5. 离婚时未成年子女应判给谁？

6. 离婚时夫妻共同财产如何分割？

7. 离婚时一方转移财产怎么办？

8. 离婚时一方虚构债务怎么办？

9. 离婚财产分割时有抵押贷款的房子如何处理？

10. 离婚案件中可以一并处理涉及第三人的债权债务吗？

常见问题解答

一问一答为常见法律问题提供指南

问 **通过民政局如何办理离婚手续？**

答 根据《婚姻登记工作规范》的规定，离婚登记按照“初审—受理—审查—登记(发证)”的程序进行。根据《民法典》规定的离婚冷静期制度，《民政部关于贯彻落实〈中华人民共和国民法典〉中有关婚姻登记规定的通知》将离婚登记程序相应调整为“申请—受理—冷静期—审查—登记(发证)”。

夫妻双方自愿离婚的，应当签订书面离婚协议，共同到有管辖权的婚姻登记机关提出申请，并提交结婚证、有效身份证件、《离婚登记申请书》等相关证件和证明材料。婚姻登记机关收到离婚登记申请并向当事人发放《离婚登记申请受理回执单》之日起三十日内，任何一方不愿意离婚的，可以持本人有效身份证件和《离婚登记申请受理回执单》向受理离婚登记申请的婚姻登记机关撤回离婚登记申请。自离婚冷静期届满后三十日内，双方未共同到婚姻登记机关申请发给离婚证的，视为撤回离婚登记申请。自离婚冷静期届满后三十日内（期间届满的最后一日是节假日的，以节假日后的第一日为期限届满的日期），双方当事人应当持离婚协议书（协议书中载明双方自愿离婚的意思表示以及对子女抚养、财产及债务处理等事项协商一致的意见）及结婚证、身份证、照片等证件和材料，共同到婚姻登记机关申请发给离婚证。婚姻登记机关按照规定予以登记，发给离婚证。

问 通过民政局办理离婚手续，如何确定有管辖权的婚姻登记机关？

答 根据《婚姻登记条例》第10条，内地居民自愿离婚时，男女双方应当共同至一方常住户口所在地的婚姻登记机关办理离婚登记。因此，在选择婚姻登记机关时，应首先明确双方的常住户口所在地。

常住户口所在地是指内地居民在公安机关登记的长期居住地，即户籍地。2021年5月17日起施行的《民政部办公厅关于开展婚姻登记“跨省通办”试点工作的通知》，对试点地区调整了常住户口所在地的限制，允许内地居民选择在一方的常住户口所在地或者经常居住地办理婚姻登记。这一调整极大地方便了在户籍地之外长时间居住的人群办理婚姻登记事务。

问 诉讼离婚的管辖法院如何确定?

答 离婚诉讼中管辖法院的确定主要依据地域管辖原则,通常是“原告就被告”的原则,即由被告住所地人民法院管辖。如果被告的住所地与经常居住地不一致,则由经常居住地人民法院管辖。如果夫妻一方或双方已离开住所地一年以上,则适用特殊的管辖规则。根据《最高人民法院关于适用〈中华人民共和国民事诉讼法〉的解释(2022 修正)》第 12 条规定,夫妻一方离开住所地超过一年,另一方起诉离婚的,可以在原告住所地法院提起。如果双方均离开住所地超过一年,则由被告的经常居住地法院管辖;如果没有经常居住地,则由原告起诉时被告的居住地法院管辖。

问 判决离婚的标准是什么?

答 法院在判决离婚时以夫妻感情确已破裂为法定标准。出现重婚或者与他人同居,实施家庭暴力或者虐待、遗弃家庭成员,有赌博、吸毒等恶习屡教不改,因感情不和分居满二年等法定情形的,可以直接认定夫妻感情破裂,其他情形需经人民法院审理认定是否足以导致夫妻感情破裂。夫妻感情确已破裂且调解无效,法院应准予离婚。此外,一方被宣告失踪,另一方提起离婚诉讼的,应当准予离婚。

经人民法院判决不准离婚后,双方又分居满一年,一方再次提起离婚诉讼的,应当准予离婚。实务中,原告常常因其提供的证据不足以证明夫妻感情破裂,而不被法院支持离婚请求。因此,夫妻感情破裂的相关证据在离婚案件中非常重要。

问 首次起诉离婚一定“不判离”吗？

答 在我国的司法实践中，首次提起离婚诉讼的，法院通常不会轻易判决离婚。根据前文的分析，法院判决离婚的法定标准只有一个，那就是夫妻感情确已破裂且调解无效。而在首次起诉中，当事人通常缺乏经验，无法提供足够证据证明感情破裂。因而，首次起诉离婚的，我国法院通常倾向于不判离婚，借此来给予双方当事人冷静思考的机会，维护婚姻家庭的稳定性。

问 离婚时未成年子女应判给谁？

答 在夫妻离婚过程中，法院在决定小孩抚养权归属时，主要考虑的是有利于孩子的健康成长的因素，这包括父母双方的抚养能力、抚养条件、孩子的年龄和性别、孩子的意愿、父母的品行以及生活环境的稳定性等。以上因素的综合考量旨在确保孩子能在一个有利于其身心健康成长的环境中生活。法庭还会综合考虑孩子的年龄，年龄小的孩子通常更需要母亲的照料，而年龄大的孩子则有一定能力表达个人意愿，并已具备一定的判断力和选择能力，法院会尊重孩子的意愿。

问 离婚时夫妻共同财产如何分割？

答 根据《民法典》第1087条，离婚时的财产处理应以双方协议为基础，如果协议不成，由人民法院根据具体情况进行判决，判决会兼顾子女、女方和无过错方的利益。这一原则强调了财产分割过程中的公平性和对弱势方的保护。在进行离婚财产分割时,法院通常是综合考虑双方的贡献、过错以及其他相关因素后作出判决,考虑多种因素以达到合理合法的结果。财产分割不能仅限于形式上的均等,而应体现出实质上的公平合理。同时,各国法域内的判例和实务中常见的"equitable distribution"原则,也在于强调财产的实质性公平分割。此外,对离婚时未涉及的夫妻共同财产,离婚后可以依法请求分割,以防止有遗漏分割的情形。

问 离婚时一方转移财产怎么办?

答《民法典》第 1092 条源自《婚姻法》第 47 条,其规定:夫妻一方如果隐藏、转移、变卖、毁损、挥霍共同财产,另一方可以请求人民法院在离婚分割夫妻共同财产时对该方少分或者不分。如是在离婚后发现上述情况,可以向人民法院提起诉讼,请求再次分割夫妻共同财产。

在最高人民法院第 66 号指导案例中【雷某某诉宋某某离婚纠纷案,(2015)三中民终字第 08205 号】,雷某某在离婚之前将夫妻共同存款转移。法院认为,《婚姻法》第 17 条第 2 款规定:"夫妻对共同所有的财产,有平等的处理权",一方在离婚诉讼期间或离婚诉讼前,隐藏、转移、变卖、毁损夫妻共同财产,或伪造债务企图侵占另一方财产的,侵害了夫妻对共同财产的平等处理权,离婚分割夫妻共同财产时,应当依照《婚姻法》第 47 条的规定少分或不分财产。

问 离婚时一方虚构债务怎么办？

答 根据《民法典》第1089条规定，离婚时，夫妻共同债务应当共同偿还。共同财产不足清偿或者财产归各自所有的，由双方协议清偿；协议不成的，由人民法院判决。

根据《民法典》第1092条规定，夫妻一方伪造夫妻共同债务企图侵占另一方财产的，在离婚分割夫妻共同财产时，对该方可以少分或者不分。离婚后，另一方发现有上述行为的，可以向人民法院提起诉讼，请求再次分割夫妻共同财产。

问 离婚财产分割时有抵押贷款的房子如何处理？

答 在贷款责任方面，根据《最高人民法院关于适用〈中华人民共和国民法典〉婚姻家庭编的解释（一）》第35条，离婚协议或法院生效判决、裁定、调解书已经对夫妻财产分割作出处理时，债权人仍可就夫妻共同债务向双方主张权利。也就是说，即便离婚协议已将贷款责任分配给一方，这一内部安排也不能对抗银行等善意债权人，该笔债务仍为夫妻共同债务。

问 离婚案件中可以一并处理涉及第三人的债权债务吗？

答 涉及第三人的债权债务问题一般不宜在离婚诉讼中同时进行审理。离婚诉讼主要处理夫妻之间的关系，第三人的债权债务问题通常需要通过其他独立的法律程序来解决。根据《最高人民法院关于适用〈中华人民共和国民法典〉婚姻家庭编的解释(一)》第35条,当事人的离婚协议或法院生效判决、裁定、调解书已经对夫妻财产分割作出处理的,债权人仍可就夫妻共同债务向双方主张权利。这一规定表明,尽管离婚程序中可能涉及第三人的债权,但债权人的权利不因此受到侵害,因此不必在离婚程序中一并解决涉及第三人的债权债务问题。

014

离婚财产纠纷之股权分割法律问题分析

FM99.6 厦门综合广播《新闻招手停》第 140 期

主持人：海蕾

主讲人：涂慧俐律师①、毛静律师②

热点问题发现

探寻社会中关注度高的热点问题

1. 离婚股权的分割方式有哪几种？

---

① 涂慧俐律师，厦门市律师协会房地产专业委员会委员，厦门市劳动争议仲裁委员会仲裁员，厦门市中级人民法院及厦门市思明区人民法院特邀调解员。

② 毛静律师，中南财经政法大学经济法学硕士，福建省破产管理协会委员，厦门市破产管理人协会个人会员，福建旭丰律师事务所证券与资本市场业务部副主任。

2. 离婚股权的分割是否需满足《公司法》规定的条件?

3. 离婚股权的价值如何确定?

4. 股权收益与股权价值的区别

常见问题解答

一问一答为常见法律问题提供指南

问 离婚纠纷中公司股权的性质为何?股权是否属于共有财产?

答 在一般认知中,婚姻关系存续期间,夫妻一方或者双方在公司所拥有的股权,看似当然属于夫妻共同财产。然而,从法律性质来看,公司股权不仅包含对公司事务的参与权利,还涵盖股东在公司中的身份权利。公司的运营与发展并非由单个股东独自决定,而是全体股东依据《公司章程》以及各自的股权比例进行管理并获取收益。所以,在婚姻存续期间,夫妻一方或双方取得的公司股权,并非当然地被认定为夫妻共同财产。不过,依据《民法典》及其司法解释的规定,除非夫妻双方另有约定,否则,夫妻在婚姻关系存续期间通过生产、经营、投资所获得的收益,均属于夫妻共同财产。因此,夫妻双方在婚后因持有公司股权所产生的投资收益,应归属于夫妻共同财产。

问 在离婚案件中，若遇到公司股权分割问题，应当如何处理？

答 离婚诉讼中的股权分割问题，涉及多种不同的法律关系，其中包括夫妻之间的共有财产分割关系，以及夫妻与公司之间的法律关系等。在司法实践中，对于属于夫妻共同财产的股权部分，常见的分割方式主要有两种：其一为对股权本身进行分割（此情形相当于股权的转让），但在直接分割股权时，还需满足《公司法》的相关规定，例如必须确保有限责任公司的其他股东享有优先购买权，同时符合公司章程所规定的股东赞成比例等；其二是对股权的价值进行分割，通常是由持有股权的一方按照股权价值向另一方进行折价补偿。

问 涉及分割的股权登记在夫妻一方名下，另一方并非该公司股东，若双方能够就公司股权分割达成一致意见，是否仍需征得公司其他股东的同意？

答 法院在审理此类离婚案件时，通常会按照以下三种情形分别进行处理：(1)夫妻双方协商一致，将名下的股权部分或者全部转让给该股东的配偶，此时其他股东过半数同意，且其他股东均明确表示放弃优先购买权的，该股东的配偶可以成为该公司股东；(2)夫妻双方就股权转让份额和转让价格等事项协商一致后，若其他股东半数以上不同意转让，但愿意以同等条件购买该出资额的，那么由愿意出资的其他股东购买该部分股权，人民法院可对该部分股权转让所得的财产进行分割；(3)若其他股东半数以上不同意转让，且也不愿意以同等条件购买该部分股权的，视为其同意转让，该股东的配偶可以成为该公司股东。

问 若无法协商达成一致，法院一般会如何对离婚案件中涉及的公司股权进行分割？

答 根据实际情况的不同，可能存在以下四种分割处理方式：(1)夫妻双方都主张分得股权的，原则上股权归原持有股权的股东所有，并由持股一方给予非股东一方相应的经济补偿；(2)若非股东一方放弃主张股权，转而主张补偿款的，一般应先对公司股权价值予以确定的基础上，由持有股权的一方给予非股东一方相应的经济补偿；(3)若持有股权的一方放弃主张股权，而非股东一方愿意接受股权的，同样需先对公司股权价值进行确定，由愿意接受股权的一方给予放弃股权的一方相应的经济补偿，但应经其他股东过半数同意且明确表示放弃优先购买权；(4)如双方均不愿意取得公司股权的，法院可以向双方当事人释明，另行按照《公司法》相关规定将股权转让变现，并对所得价款依法进行分割。

问 离婚双方分歧较大时，股权价值如何确定？

答 当离婚诉讼中待分割股权的价值存在争议时，在司法实践中，一般会采取协商一致、评估、竞价、参考市场价等方式予以确定。若双方均主张公司股权，通常会采用竞价的方式，由夫妻双方对股权价值金额进行出价，股权归出价高的一方所有，并按照该出价给予另一方相应补偿；但如果出价高的一方并非原持股一方，还须满足《公司法》对股权转让的相关法定条件。若双方未协商一致，依法可采取评估的方式，由提出分割的一方向法院申请评估股权价值，通过司法评估来确定待分割的股权价值金额。

问 如无公司相关财务资料，如何评估待分割的股权价值？

答 因公司财务管理混乱、会计账册不全以及经营者拒不提供财务信息等原因，导致无法通过评估方式确定股权价值的，人民法院可以依据该企业在行政主管机关备案的财务资料对财产价值进行认定；或者可以参照当地同行业中经营规模和收入水平相近的企业的营业收入或者利润及其他方式来核定其价值。

问 股权收益与股权价值有什么区别？

答 《民法典》明确规定，婚姻存续期间，因一方持有的股权而产生的收益属于夫妻共同财产。而股权价值则需根据公司的资产负债情况进行整体分析，在财务报表中主要体现在资产负债表的所有者权益一栏。

问 如果公司经营出现亏损，公司股权是否有价值？

答 不一定。经营亏损主要通过公司利润表体现，而股权价值主要通过资产负债表的所有者权益体现，两者并非完全成正比关系。

典型案例分析

以案说法为纠纷处理提供具体的参考

案件名称：上诉人陈某、上诉人井某1与原审第三人井某2离婚后财产纠纷

案号：(2021)京03民终6538号

审理法院：北京市第三中级人民法院

案例来源：(中国裁判文书网)

基本案情 陈某与井某1于2004年4月5日登记结婚，后陈某起诉要求与井某1离婚后，又另行起诉要求分割井某1名下的A公司股权价值。

经查，A公司类型为有限责任公司，注册资本为1000万元，其中井某1出资950万元，股权占比95%，井某2出资50万元，股权占比5%。一审诉讼中，陈某申请对井某1持有的A公司95%的股权价值进行鉴定。后，B评估公司出具《追溯资产评估报告》，评定截至评估基准日，A公司申报评估的资产总额账面值为4491.66万元，负债总额账面值为4045.75万元，所有者权益账面值为445.91万元。经采用资产基础法评估，A公司95%股东权益于评估基准日的市场价值为597.19万元。另，A公司其他股东井某2出具《声明》表示不同意陈某作为股东加入A公

司，不同意井某1向陈某转让其持有的A公司任何出资份额。

法院观点 一审法院认为，A公司系井某1在与陈某夫妻关系存续期间投资，与井某2投资设立，井某1对A公司享有的股东权益属于井某1与陈某的夫妻共同财产，陈某要求分割该股东权益于法有据。

裁判结果 根据鉴定报告，认定井某1持有的A公司95%股权为597.19万元，一审法院综合考虑本案相关情节，确定井某1持有的A公司的股权归井某1所有，井某1向陈某支付50%的补偿款。二审法院仍维持原判。

律师分析 （1）夫妻关系存续期间，以夫妻一方名义投资设立的公司，该方享有的股东权益属夫妻共同财产；（2）在离婚诉讼中或离婚后财产分配的诉讼中，对于股权的价值可以向法院申请鉴定，可根据鉴定报告确定的股权价值按照一定的比例主张分割。

015

离婚案件中特殊类型财产如何进行分割

FM99.6 厦门综合广播《新闻招手停》第 165 期

主持人：海蕾

主讲人：师利玲律师①、姬慧娟律师②

热点问题发现

探寻社会中关注度高的热点问题

1. 离婚案件中如何对股权进行分割？

---

① 师利玲律师，福建旭丰律师事务所律师，厦门大学法律硕士，厦门市律师协会企业合规委员会委员国际争议解决及风险管理协会认证的专业商业调解员，专注领域为公司股权争议解决。

② 姬慧娟律师毕业于山东大学法学院、心理咨询师、婚姻家庭咨询师、厦门律协婚姻家庭与财富传承专业委员会委员兼秘书、厦门律协律师事务所管理指导工作委员会委员、厦门市中级人民法院特邀调解员。

2. 离婚案件中如何对股票、债券、投资基金进行分割?
3. 离婚案件中如何对信托财产进行分割?
4. 离婚案件中如何对保险产品进行分割?
5. 离婚案件中如何对股票期权进行分割?

常见问题解答

一问一答为常见法律问题提供指南

问 登记在夫妻一方名下的股权,在离婚时如何进行分割?

答 股权兼具财产属性和人身属性。对股权进行分割,不仅涉及离婚双方的利益,还可能导致公司经营发生变化,进而影响公司的人合性基础。登记在夫妻一方名下的有限责任公司的股权,在离婚时能否分割以及如何分割,是公司法与婚姻家庭法交叉领域的问题,一直都比较复杂且挑战人性。

股权分割的实质效果可能是股权转让。因此,根据《公司法》第84条的规定,股东向股东以外的人转让股权的,应当将股权转让的数量、价格、支付方式和期限等事项书面通知其他股东,其他股东在同等条件下有优先购买权。另根据《最高人民法院关于适用〈中华人民共和国民法典〉婚姻家庭编的解释(一)》第73条的规定,涉及分割夫妻共同财产中以一方名义在有限责任公司的出资,另一方不是该公司股东的,在夫妻双方对分割份额以及转让价格达成一致意见时,应当征求公司股东的意见。如果其他股东过半数同意,并且其他股东均明确表示放弃优先购买权的,该股东的配偶可以成为该公司股东;如果其他股东半数以上不同意转让,并愿意以同等条件购买该股权份额的,人民法院可以对转让股权所得财产进行分割;如果其他股东半数以上不同意转让,也不愿意以同等条件购买该股权份额的,视为同意转让,该股东的配偶可以成为该公司股东。实践中,若其他股东对于夫妻分割共有股权事项不作出明确表态,法院将适用《公司法》第 84 条的规定,"股东自接到书面通知之日起三十日内未答复的,视为放弃优先购买权",而后由离婚双方对股权进行分割。

问 如果离婚双方无法就股权分割达成一致意见,法院将如何处置?

答 为了保证公司的人合性,司法实践中倾向于优先寻求折价补偿的方式予以解决,即对请求分割股权的一方予以折价补偿。

如果离婚双方坚持要求分割股权份额,也可能存在不同的处理方式。例如,股权分割对公司经营不会产生不利影响,同时股权持有方阻碍对股权价值进行评估、其他公司股东亦未积极主张优先购买权,则法院将判决分割股权,公司及持股方配偶负有配合办理股东变更登记等事项的义务。

问 离婚分割股权时，如何确定股权价值？

答 如果离婚双方对分割的股权价值能够协商一致，或者虽未能协商一致但均同意对股权价值进行评估，那么股权价值所对应的补偿款的确定将迎刃而解。如果上述条件不具备，那么法院可综合考虑出资金额、公司经营状况、财务信息等因素来认定股权价值。

问 股票、基金、债券是常见的家庭财产形式，离婚时应如何进行分割？

答《最高人民法院关于适用〈中华人民共和国民法典〉婚姻家庭编的解释（一）》第72条明确了在分割股票、债券、基金等有价证券时，人民法院可以根据市价或按数量比例分配。

股票是上市公司股份的持有凭证，具有流通性。离婚时能否对股票进行分割，条件有二：一是股票是否在婚姻存续期间取得；二是离婚双方是否对股票进行过操作、是否有人力投入。如果股票为婚前购买，但婚后对股票进行了相关操作并产生增值，那么增值部分应当进行分割。

问 离婚案件中如何对信托财产进行分割？

答 在离婚案件中，信托财产的分割涉及复杂的法律关系，需要根据《信托法》和《民法典》中关于夫妻共同财产的相关规定进行处理。如果使用的是夫妻一方的个人财产成立的信托财产，则该信托财产应被认定为个人财产，在离婚时无须进行分割。如果是在夫妻关系存续期间成立且使用的是夫妻共同财产成立的信托，则该信托财产应被认定为夫妻共同财产,应在离婚时对其进行分割。想要利用信托架构来隐藏或转移夫妻共同财产是不可行的。建议进行信托安排时,提前咨询专业人士,明确信托财产与夫妻共同财产的界限,确保设立与管理信托过程的透明化,避免日后引发法律纠纷。

问 离婚案件中如何对保险产品进行分割?

答 在离婚案件中,保险产品的分割主要取决于保险产品是否属于夫妻共同财产以及保险产品的性质。人身保险产品如人寿保险、重大疾病保险等,因具有一定的现金价值,可以成为离婚时的分割对象。婚姻关系存续期间以夫妻共同财产投保,投保人与被保险人同为夫妻一方,离婚时处于保险期内,投保人不愿意继续投保的,保险人退还的保险单现金价值应按照夫妻共同财产处理;离婚时,投保人选择继续投保的,投保人应当支付保险单现金价值的一半给另一方作为补偿。

问 离婚案件中如何对股票期权进行分割?

答 股票期权是指在未来的某一个时期,用事先约定的价格购买或者卖出一定数量的股票的权利。股票期权具有长期性和不确定性,行权往往存在时间和业绩的限制。此外,激励对象是否行权以及获取收益的大小均存在不确定性。所以离婚案件中,股票期权能否作为夫妻共同财产分割及如何进行分割是一个较为复杂的问题。

司法实践中认为,股票期权是一种财产性权益,虽然其价值在未行权时难以确定,但其在未行权前已具有财产性,并不影响其可作为夫妻共同财产进行分割。但需要注意的是,由于未来是否具备行权条件以及是否行权、行权价格均是不确定的,法院也可能在离婚案件中不予处理,可以待当事人行权后再行起诉。

016

聊聊婚姻家事财富传承中的“保险”问题

FM99.6 厦门综合广播《新闻招手停》第 153 期

主持人:海蕾

主讲人:庄幼留律师①、姬慧娟律师②

---

① 庄幼留律师,福建旭丰律师事务所第四党支部书记、福建旭丰律师事务所婚姻家庭与财富传承业务部副主任,厦门市中级人民法院调解员、厦门市地方金融纠纷调解中心调解员、厦门市思明区人民法院调解员、认可专业商业调解员、婚姻家庭咨询师。

② 姬慧娟律师毕业于山东大学法学院、心理咨询师、婚姻家庭咨询师、厦门律协婚姻家庭与财富传承专业委员会委员兼秘书、厦门律协律师事务所管理指导工作委员会委员、厦门市中级人民法院特邀调解员。

热点问题发现

探寻社会中关注度高的热点问题

1. 父母给未成年子女购买保险的，离婚时能分割吗？
2. 夫妻离婚时，保单资产如何分割？
3. 被保险人死亡的，保险金会变成被保险人的遗产吗？
4. 发生继承时，保单资产如何分割？

常见问题解答

一问一答为常见法律问题提供指南

问 父母给未成年子女购买保险的，离婚时能分割吗？

答 父母给未成年子女购买保险，如果离婚时分割保单的现金价值，那么将导致退保，影响未成年子女的利益，因此法院对此类保单的分割会比较谨慎。比如，浙江省高级人民法院《关于审理婚姻家庭案件若干问题的解答》第15条规定：婚姻关系存续期间，夫妻一方为子女购买的保险视为双方对子女的赠与，不作为夫妻共同财产分割。比如，江苏省高级人民法院《家事纠纷案件审理指南》第43条规定：婚姻关系存续期间，夫妻一方或者双方为未成年子女购买的人身保险获得的保险金，如果未成年子女未死亡，应当专属于未成年子女所有。离婚时，如果为未成年子女购买的人身保险合同处于保险有效期的，因保险的最终利益归属于未成年子女，该保险应当视为对未成年子女的赠与，不再作为夫妻共同财产分割。

问 夫妻一方为自己或为对方购买的保单，离婚时如何分割？

答 首先要根据购买的时间、出资的情况先来分析保单是婚前个人财产还是夫妻共同财产。最高人民法院关于印发《第八次全国法院民事商事审判工作会议（民事部分）纪要》（以下简称《八民纪要》）第 4 条规定：婚姻关系存续期间以夫妻共同财产投保，投保人和被保险人同为夫妻一方，离婚时处于保险期内，投保人不愿意继续投保的，保险人退还的保险单现金价值部分应按照夫妻共同财产处理；离婚时投保人选择继续投保的，投保人应当支付保险单现金价值的一半给另一方。《八民纪要》第 5 条规定：婚姻关系存续期间，夫妻一方作为被保险人依据意外伤害保险合同、健康保险合同获得的具有人身性质的保险金，或者夫妻一方作为受益人依据以死亡为给付条件的人寿保险合同获得的保险金，宜认定为个人财产，但双方另有约定的除外。婚姻关系存续期间，夫妻一方依据以生存到一定年龄为给付条件的具有现金价值的保险合同获得的保险金，宜认定为夫妻共同财产，但双方另有约定的除外。

问 在夫妻双方面临分割保单的情况下，如果投保人不退保，那么对保单是分割已交的保费还是对应的现金价值？

答 保单的现金价值会随着投保期限增加而加速积累。如果是在婚姻关系存续期间以夫妻共同财产投保的，离婚时双方应协商处理。若投保人行使任意解除权解除保险合同的，则所退还的保单现金价值按照夫妻共同财产进行分割。若投保人选择继续履行保险合同的，则由投保人补偿对方一半的保单现金价值。

问 被保险人死亡的，保险金会变成被保险人的遗产吗？

答 下列情况下，保险金可能会作为被保险人的遗产进行处理。

一是没有指定受益人。如果被保险人没有指定受益人，那么在被保险人死亡后，保险金将作为被保险人的遗产，由其法定继承人继承。

二是受益人指定不明或无法确定。如果受益人指定不明或者由于某些原因（如受益人失踪、身份无法确认等）导致无法确定受益人的，那么保险金也可能作为被保险人的遗产进行处理。

三是受益人先于被保险人死亡且没有其他受益人。如果受益人先于被保险人死亡，且被保险人没有指定其他受益人的，那么在被保险人死亡后，保险金将作为被保险人的遗产。

四是受益人依法丧失受益权或放弃受益权且没有其他受益人。在某些情况下，受益人可能会依法丧失受益权（如因犯罪行为被剥夺）或主动放弃受益权。如果此时没有其他受益人存在，那么在被保险人死亡后，保险金同样会成为被保险人的遗产。

问 发生继承时，保单资产如何分割？

答 继承纠纷中，涉及“保险”的分割比较复杂。投保人去世后，如果其所有继承人以及被保险人均不同意再继续交保费，而是一致同意解除保险合同的，保险公司将返还保单现金价值，现金价值作为遗产进行分割。如果投保人在投保时设置了投保人保费豁免责任或者设置了第二投保人，那么投保人去世后保险合同继续有效。

问 在财富传承的过程中，如何更好地配置保险？

答 首先，夫妻一方作为投保人、未成年子女作为被保险人所购买的保单，一般视为父母对子女的赠与，离婚时不作为夫妻共同财产进行分割。

其次，在婚姻存续期间，如果保费来自父母的赠与，建议签订一份针对保费的单向赠与协议，明确约定该保费是父母对某一方的单独赠与，属于该子女的婚后个人财产，不属于夫妻共同财产，由此该部分保费所对应的现金价值在分割时也会被认定为是该方的个人财产。

再次，在对家庭保单进行配置时，尽量以投保人、被保险人均为夫妻一方这样的架构进行配置，否则如果未来发生婚变，在矛盾尖锐的情形下，投保人一方有可能拒绝变更投保人而直接申请退保，不仅会造成一定现金价值的损失，家庭原有的保障计划也会被破坏。

最后，在投保时对保单设置第二投保人。如此，在第一投保人身故后，指定的第二投保人可以直接携带相关资料前往保险公司办理变更投保人的手续，保险合同继续有效，由第二投保人继续缴纳余期保险费用，无须经过投保人继承人的同意。

保险相关配置问题是比较复杂和专业的，建议大家购买时要了解清楚产品及相关保险条款。

典型案例分析

以案说法为纠纷处理提供具体的参考

案件名称：弓某、卢某离婚后财产纠纷

案号：(2022)京02民终2826号

审理法院：北京市第二中级人民法院

案例来源：中国裁判文书网

基本案情 弓某、卢某于1997年登记结婚，2000年生育一女卢小某。2018年4月，卢某作为投保人、以女儿为被保险人在某人寿保险有限公司购买2份保险，保险类型是终身年金保险，保费17余万元，同年卢某申请追加投保33万元，累计为女儿投保50余万元。2018年8月，弓某、卢某协议离婚。弓某主张卢某购买上述保险时未经其同意，对购买保险行为不予追认，要求分割保费50万元。

法院观点 弓某主张卢某未经其同意，花费50万元购买保险，其对于该购买行为不予追认，要求分割保费。卢某承认是自己单独购买的保险，交纳保费50万元，这个过程没有告知配偶。鉴于该购买保险的行为发生在二人婚姻存续期，交纳的保费属于夫妻共同财产，卢某单独作出决定购买商业保险不属于夫妻共同生活中的必要支出，所以法院对弓某主张分割50万元保费的请求予以支持。

律师分析 婚姻关系存续期间，任意一方在家庭正常支出范围内或夫妻双方协商一致的情况下，以夫妻一方为投保人、以未成年子女为被保险人购买的保单，因该保单对未成年子女有一定的保障功能和经济利益，法院会基于保护未成年子女利益的原则，认定该保单为夫妻双方对未成年子女的赠与，在离婚时不分割该保单的现金价值。但是，如果上述投保发生在婚姻不安宁期，或者未取得另一方配偶的同意，或者保单金额巨大、明显不属于夫妻共同生活中的必要支出，那么很可能会被法院认定为需要分割。

017

法定继承的那些事儿!

FM99.6 厦门综合广播《新闻招手停》第131期

主持人:海蕾

主讲人:郑进文律师[①]、林娟律师[②]

热点问题发现

探寻社会中关注度高的热点问题

1. 法定继承人的范围
2. 丧偶儿媳、丧偶女婿有继承权吗?

---

① 郑进文律师,福建旭丰律师事务所律师,福建旭丰律师事务所建设工程业务部委员,福建旭丰律师事务所婚姻家庭与财富传承业务部委员,厦门市律师协会民事专业委员会委员,专注领域为民商事、婚姻家事诉讼及非诉讼法律事务。

② 林娟律师,福建旭丰律师事务所律师,福建师范大学诉讼法学硕士,专注领域为合同、婚姻家事及公司法律事务。

3. 什么是代位继承、转继承？
4. 遗产应当怎么分配？

常见问题解答

一问一答为常见法律问题提供指南

问 法定继承的适用前提？

答 遗嘱继承优先于法定继承，所以法定继承的适用前提是被继承人生前没有设立遗嘱或者遗赠，也没有设立遗赠扶养协议。但是存在以下几种情形的，即便设立了遗嘱，也适用法定继承：一是遗嘱无效或者部分无效；二是遗嘱中有未处分的遗产；三是遗嘱继承人放弃继承、受遗赠人放弃受遗赠的；四是遗嘱继承人丧失继承权的；五是遗嘱继承人、受遗赠人先于遗嘱人死亡的。

问 法定继承人的范围？

答 根据我国《民法典》第1127条的规定，第一顺序继承人为配偶、子女、父母；第二顺序继承人为兄弟姐妹、祖父母、外祖父母。这时需要注意几个问题：首先，夫妻间的继承权是基于合法婚姻关系而产生的，所以配偶继承遗产的前提是必须已办理结婚登记手续或者存在法律认可的事实婚姻关系。其次，这里的子女包括婚生子女、非婚生子女、养子女、有扶养关系的继子女。同样地，父母也包括生父母、养父母和有扶养关系的继父母。最后，兄弟姐妹除包括同父同母的兄弟姐妹以外，还包括同父异母或者同母异父的兄弟姐妹、养兄弟姐妹、有扶养关系的继兄弟姐妹。

问 丧偶儿媳、丧偶女婿是否享有继承权？

答 为了鼓励丧偶儿媳或丧偶女婿承担赡养公婆或岳父母的义务，充分发挥家庭的社会职能，我国《民法典》第 1129 条规定，丧偶儿媳对公婆，丧偶女婿对岳父母，尽了主要赡养义务的，作为第一顺序继承人。这里的“尽了主要赡养义务”应当理解为对被继承人生活提供了主要经济来源，或者在劳务等方面给予了主要扶助，而且这种扶助必须具有长期性、经常性。另外，这种继承人资格跟丧偶儿媳、丧偶女婿是否再婚没有关系，只要尽到主要赡养义务即可。

问 法定继承的顺序是怎样规定的？

答 继承开始后，第一顺序继承人享有优先继承权，即有第一顺序继承人时，第二顺序继承人不能继承。在没有第一顺序继承人时，才由第二顺序继承人继承。需要注意的是，“没有第一顺序继承人”应当理解为：第一顺序继承人全部不存在且又没有代位继承人，或者第一顺序继承人全部放弃、丧失继承权等情形。

问 什么是代位继承？

答 代位继承又称间接继承、承租继承，它有两种情形：一种情形是被继承人的子女先于被继承人死亡时,由被继承人子女的晚辈直系血亲代替先死亡的长辈直系血亲继承被继承人遗产。此时需要注意,代位继承人必须是被继承人子女的晚辈直系血亲,也就是说被继承人的孙子女、外孙女、曾孙子女、外曾孙子女等,不受辈数限制,但是亲等近者优先代位继承。另一种情形是在被继承人无配偶、子女、父母继承其财产,被继承人的兄弟姐妹又先于被继承人死亡时,由被继承人兄弟姐妹的子女代替先死亡的父母继承被继承人遗产。这种情况下的代位继承人仅限于被继承人兄弟姐妹的子女,不包括其子女的晚辈直系血亲。另外,代位继承仅适用于法定继承,不适用于遗嘱继承。

问 什么是转继承?

答 转继承又称为连续继承,是指继承人在继承开始后、遗产分割前死亡,其应继承的财产份额转由他的合法继承人来继承的制度。事实上,可以将转继承理解为连续两次的继承,转移的实质是财产所有权而不是继承权。转继承既可适用于法定继承,也可适用于遗嘱继承、遗赠、遗赠扶养协议等情形。

问 遗产应当怎么分配?

答 法定继承开始后,同一顺序的法定继承人可同时参与继承。在各个法定继承人的劳动能力、生活状况以及对被继承人所履行的赡养义务等情况基本相近时,一般应当均等分配遗产。对于生活有特殊困难且缺乏劳动能力的继承人,分割遗产时,应当予以照顾。对被继承人尽了主要扶养义务或者与被继承人共同生活的继承人,分配遗产时,可以多分。相反地,对于有扶养能力和条件却未尽赡养或者扶养义务的继承人,应当少分或者不分。

典型案例分析

以案说法为纠纷处理提供具体的参考

案件名称:牛某1等与刘某等法定继承纠纷

案号:(2024)京0115民初24428号

审理法院:北京市大兴区人民法院

案例来源:中国裁判文书网

基本案情 牛某5与曲某系夫妻关系,于2007年共同取得某区某镇某家园某房屋(以下简称讼争房产),二人育有牛某6、牛某2(原告)、牛某3(原告)、牛某7四名子女。牛某5于2018年12月5日去世,曲某于2023年6月10日去世。牛某6与张某3系夫妻关系,二人育有一女牛某1(原告),牛某6于2021年8月6日去世。牛某7与刘某(被告)系夫妻关系,二人育有一子牛某4(被告),牛某7于2021年12月19日去世。庭审中,双方均认可牛某5的父母先于牛某5死亡,牛某5去世后曲某未再婚。二被告提交曲某2019年3月13日订立的代书遗嘱一份，载明讼争房产中属于曲某所有的产权份额由牛某7继承。另外，三原告提交医疗费用清单、居委会证明等拟证明三原告对曲某尽了更多的赡养义务。二被告亦提供居委会证明等拟证明自2017年起与曲某、牛某5一同居住，对曲某尽了主要赡养义务。

法院观点 本案中，涉案房屋系于牛某5与曲某婚姻关系存续期间购买，故应为牛某5与曲某的夫妻共同财产。牛某5生前未留有遗嘱或遗赠扶养协议，故涉案房屋中的一半份额应归曲某，剩余一半作为牛某5的遗产由其法定继承人曲某、牛某6、牛某2、牛某3、牛某7共同继承。遗嘱继承人、受遗赠人先于遗嘱人死亡或者终止，遗产中的有关部分应当按照法定继承办理。虽然二被告提交了落款日期为2019年3月13日的代书遗嘱，但遗嘱继承人牛某7先于遗嘱人曲某死亡，故遗产中有关牛某7的部分应当按照法定继承办理。同一顺序继承人继承遗产的份额，一般应当均等。对被继承人尽了主要扶养义务或者与被继承人共同生活的继承人，分配遗产时，可以多分。考虑到牛某7在购买涉案房屋时进行出资，并结合其与被继承人曲某共同生活之情节，本院酌情确定涉案房屋由牛某1、牛某2、牛某3每人继承23%份额，由牛某4继承26%份额，由刘某继承5%份额。应当指出，虽然二被告主张刘某作为丧偶儿媳对曲某尽了主要赡养义务应作为第一顺序继承人，但根据三原告提交的证据，可以证明在牛某7去世后，三原告对曲某尽了较多赡养义务，考虑到牛某7去世后刘某与曲某共同生活的时间较短，对二被告的主张本院不予采纳。

裁判结果 （1）讼争房产由牛某1、牛某2、牛某3每人继承23%份额，由牛某4继承26%份额，由刘某继承5%份额；（2）驳回牛某1、牛某2、牛某3的其他诉讼请求。

律师分析 本案涉及遗产范围、遗嘱效力、代位继承、丧偶儿媳继承资格、遗产分配等焦点问题，极具典型性。第一，关于遗产范围，鉴于讼争房产属于牛某5与曲某的夫妻共同财产，法院认定在牛某5去世后，讼争房产中的一半份额应归曲某，剩余一半作为牛某5的遗产由其法定继承人曲某、牛某6、牛某2、牛某3、牛某7共同继承，故在曲某去世时讼争房产5/8的产权份额属于曲某的遗产。第二，关于曲某所订立遗嘱的效力，法院认为牛某7作为遗嘱继承人先于遗嘱人曲某死亡，故遗产中的有关部分应当按照法定继承办理。第三，根据代位继承的规定，被继承人的子女先于被继承人死亡时，由被继承人子女的晚辈直系血亲代替先死亡的长辈直系血亲继承被继承人遗产，故牛某4作为牛某7的唯一子女，在曲某去世时有权代位继承牛某7应继承的遗产份额；牛某1作为牛某6的唯一子女，在曲某去世时有权代位继承牛某6应继承的遗产份额。第四，关于刘某作为丧偶儿媳能否继承遗产的问题，考虑到三原告对曲某尽了较多赡养义务，牛某7去世后刘某与曲某共同生活的时间较短，法院最终未认定其享有继承人资格，而是酌定认定其享有讼争房产5%的产权份额。最后，关于遗产的分配，法院依旧是在均等分配的原则上，考虑牛某7在购买涉案房屋时进行出资，并结合其与被继承人曲某共同生活之情节，最终酌情确定涉案房屋由牛某1、牛某2、牛某3每人继承23%份额，由牛某4继承26%份额。

018

《民法典》继承编之遗嘱继承

FM99.6 厦门综合广播《新闻招手停》第 146 期

主持人：海蕾

主讲人：陈晓丽律师[①]、郑进文律师[②]

热点问题发现

探寻社会中关注度高的热点问题

1. 遗书属于遗嘱吗？

2. 孙辈子女，可以作为遗嘱继承人吗？

---

① 陈晓丽律师，福州大学法律硕士，福建旭丰律师事务所婚姻家庭与财富传承业务部副主任，福建旭丰律师事务所优秀律师，入选厦门市优秀青年律师人才库，专注领域为合同纠纷、企业风险控制及婚姻家事法律服务。

② 郑进文律师，福建旭丰律师事务所建设工程业务部委员，福建旭丰律师事务所婚姻家庭与财富传承业务部委员，厦门市律师协会民事专业委员会委员，专注领域为民商事、婚姻家事诉讼及非诉讼法律服务。

3. 朋友可以作为遗嘱见证人吗?
4. 立了遗嘱,还能反悔吗?

常见问题解答

一问一答为常见法律问题提供指南

问 遗嘱的法律概念?

答 遗嘱,是指遗嘱人在法律许可的形式与范围内,对个人财产进行处分的行为。其属于单方民事法律行为,仅需遗嘱人作出意思表示即可成立,无需征得他人同意,遗嘱于遗嘱人死亡后生效。

问 遗嘱的"法定形式"?

答 遗嘱属于要式法律行为,若并非依照法定方式形成,则不产生法律效力。依据我国《民法典》继承编的相关规定,遗嘱的法定形式包含自书遗嘱、代书遗嘱、打印遗嘱、录音录像遗嘱、口头遗嘱以及公证遗嘱。

自书遗嘱:由遗嘱人亲笔书写内容,签名并注明具体的年、月、日。

代书遗嘱:应当有两个及以上见证人在场见证,由其中一人代书,随后由遗嘱人、代书人以及其他见证人共同签名,并注明年、月、日。

打印遗嘱:应当有两个及以上见证人在场见证。遗嘱人和见证人需在遗嘱的每一页上签名,并注明年、月、日。

录音录像遗嘱:应当有两个及以上见证人在场见证。遗嘱人和见证人应在录音录像中记录各自的姓名或者肖像，以及年、月、日。

口头遗嘱：遗嘱人在危急情况下方可订立口头遗嘱，且应当有两个及以上见证人在场见证。待危急情况消除后，若遗嘱人能够以书面或者录音录像形式订立遗嘱，那么之前所立的口头遗嘱则无效。

公证遗嘱：由遗嘱人经公证机构办理相关手续。

问 日常闲谈中被继承人表示遗产由某位子女继承，且有两位以上见证人证明，该子女能以口头遗嘱主张继承吗？

答 不能。如前文所述，口头遗嘱并非在任何情形下都可订立，其订立需要特定的前提条件，即遗嘱人处于危急境地，且客观上无法或者无力以其他形式订立遗嘱。日常聊天或者谈话中的口头表述，即便有见证人在场，也仅仅表明被继承人有订立遗嘱的想法，并不符合口头遗嘱的法定构成要件，无法产生遗嘱继承的法律效力。

问 常常有人留下遗书，遗书属于前面提到的法定形式的遗嘱吗？

答 自然人在遗书中涉及死后个人财产处分的内容，若确为死者的真实意思表示，有本人签名并注明了年、月、日，且无相反证据予以反驳的，可以按照自书遗嘱进行对待。

问 在“法律范围内”立遗嘱是什么意思？

答 主要涵盖继承遗嘱的人员范围以及可以处理的财产范围。我国《民法典》第 1133 条规定，自然人可以立遗嘱将个人财产指定由法定继承人中的一人或者数人继承。这意味着,在遗嘱继承中,被指定继承遗嘱的人员只能在法定继承人的范围内进行选择。同时,该条款还规定,自然人可以依照本法规定立遗嘱处分个人财产。也就是说,遗嘱处分的对象仅限于自然人的个人财产,在遗嘱中不得擅自处分国家、集体或者他人的财产。

问 关于"见证人",法律上有什么要求?哪些人不可以担任见证人?

答 事实上,并非所有人都具备担任遗嘱见证人的资格。《民法典》第1140条明确规定了以下几种人员不能作为遗嘱见证人:(1)无民事行为能力人、限制民事行为能力人以及其他不具有见证能力的人;(2)继承人、受遗赠人;(3)与继承人、受遗赠人存在利害关系的人。

问 "有利害关系的人"怎么理解?

答 例如,继承人的债权人、债务人,以及共同经营的合伙人等,均属于与继承人存在利害关系的人,依照法律规定不能作为遗嘱的见证人。

问 继承人的朋友,能否作为遗嘱见证人?

答 在现实生活中,遗嘱见证人与继承人、被继承人均相识的情况较为常见。与继承人存在利害关系的,如前文所述的债权人、债务人以及共同经营的合伙人,不能作为见证人;反之,若不存在利害关系,则可以作为见证人。

问 在什么情况下，遗嘱会无效？

答 无民事行为能力人或者限制民事行为能力人所立的遗嘱无效。遗嘱必须体现遗嘱人的真实意思，受欺诈、胁迫所立的遗嘱无效。伪造的遗嘱无效。遗嘱被篡改的，被篡改的内容无效。此外，遗嘱人若以遗嘱处分了国家、集体或者他人财产，应当认定该部分遗嘱无效。遗嘱应当为缺乏劳动能力又没有生活来源的继承人保留必要的遗产份额。至于继承人是否缺乏劳动能力又没有生活来源，应当以遗嘱生效时该继承人的具体情况予以确定。

问 立遗嘱人在立遗嘱时有民事行为能力，后来丧失了民事行为能力，遗嘱有效吗？

答 遗嘱人立遗嘱时必须具有完全民事行为能力。无民事行为能力人或者限制民事行为能力人所立的遗嘱，即使本人后来具备了完全民事行为能力，该遗嘱仍属无效。而遗嘱人立遗嘱时具有完全民事行为能力，后来成为无民事行为能力人或者限制民事行为能力人的，并不影响遗嘱的效力。

问 为了争夺遗产，伪造、篡改遗嘱或杀害被继承人，有什么后果？

答 在此种情形下，继承人有可能丧失继承权。《民法典》第1125条规定了5种丧失继承权的情形：(1)故意杀害被继承人；(2)为争夺遗产而杀害其他继承人；(3)遗弃被继承人，或者虐待被继承人情节严重；

(4)伪造、篡改、隐匿或者销毁遗嘱,情节严重;(5)以欺诈、胁迫手段迫使或者妨碍被继承人设立、变更或者撤回遗嘱,情节严重。

问 丧失继承权要求的"情节严重",法律上怎么认定?

答 关于"情节严重"的认定问题,在《最高人民法院关于适用〈中华人民共和国民法典〉继承编的解释(一)》中有相应解答。"虐待被继承人情节严重",可以从实施虐待行为的时间、手段、后果以及社会影响等方面进行综合认定。若继承人伪造、篡改、隐匿或者销毁遗嘱,侵害了缺乏劳动能力又无生活来源的继承人的利益,并导致其生活困难的,也应当认定为"情节严重"。

问 发生丧失继承权的情形,继承权是否还可以恢复?

答 对于故意杀害继承人或被继承人的两种情形,法律规定为永久丧失继承权,不可恢复。但对于前文中失去继承权的后3种情形,若继承人确有悔改表现,且被继承人表示宽恕或者事后在遗嘱中将其列为继承人的,该继承人不丧失继承权。

问 遗嘱可以附义务吗?

答 遗嘱继承若附有义务,继承人应当履行相应义务。若义务能够履行,而继承人,受遗赠人没有正当理由而不履行义务,经受益人或其他继承人请求,人民法院可以取消其接受附义务部分遗产的权利。由提出请求的继承人或者受益人负责按照遗嘱人的意愿履行义务,接受遗产。

问 立完遗嘱后，如果反悔了，可以撤销吗？

答 可以。遗嘱人有权撤回、变更自己所立的遗嘱。立遗嘱后，遗嘱人实施与遗嘱内容相反的民事法律行为的，视为对遗嘱相关内容的撤回。若立有数份遗嘱，且内容相互抵触的，以最后的遗嘱为准。

问 继承人不想继承，可以放弃吗？

答 继承人若要放弃继承，应当以书面形式向遗产管理人或者其他继承人作出表示。在诉讼过程中，继承人向人民法院以口头方式表示放弃继承的，需制作笔录，并由放弃继承的人签名。继承人放弃继承的意思表示，应当在继承开始后、遗产分割前作出。遗产分割后表示放弃的，所放弃的不再是继承权，而是所有权。遗产处理前或者在诉讼进行中，继承人对放弃继承反悔的，由人民法院根据其提出的具体理由，决定是否予以承认。遗产处理后，继承人对放弃继承反悔的，不予承认。放弃继承的效力，追溯至继承开始的时间。继承诉讼开始后，如继承人、受遗赠人中有既不愿意参加诉讼，又不表示放弃实体权利的，应当追加为共同原告；继承人已书面表示放弃继承的，不再列为当事人。

问 遗嘱继承人依遗嘱取得遗产后，还可以继承其他未处分遗产吗？

答 可以。遗嘱继承人依遗嘱取得遗产后，仍有权依照《民法典》第 1130 条的规定（法定继承规则）取得遗嘱未处分的遗产。

问 遗嘱可以指定孙子女、外孙子女为继承人吗?

答 孙辈子女并非法定继承人,因此即便名义上以“遗嘱”的形式呈现,但该遗嘱实质上应为遗赠,孙辈子女系受遗赠人而非遗嘱继承人,应按照遗赠的规则主张权利,即应当在知道受遗赠后的60日内作出明确的是否接受遗赠的意思表示。

Part Three

第三编 房产、物业

3

019

征收中与我们息息相关的民事法律问题

FM99.6 厦门综合广播《新闻招手停》第 130 期

主持人：海蕾

主讲人：柳冰玲律师①、郭亦非律师②

---

① 柳冰玲律师，福建旭丰律师事务所律师，福建省优秀党员律师，厦门市优秀青年律师，入选福建省涉外律师人才库，入选福建省青年律师领军人才库，福建省法学会“一带一路”法治研究会理事，福建省律师协会政府法律顾问专委会委员，厦门市律师协会政府法律顾问专委会副主任，旭丰律所行政与政府法律顾问业务部主任，厦门大学法学院兼职讲师。

② 郭亦非律师，福州大学法律硕士，高级企业合规师，福建旭丰律师事务所行政与政府法律顾问业务部委员、民事业务部委员、青年律师工作委员会委员，厦门市法律援助中心援助律师，思明区法律援助中心援助律师，首届厦门市青年律师辩论赛季军、最佳风采奖。

热点问题发现

探寻社会中关注度高的热点问题

1. 无或限制民事行为能力人能否签订征收补偿协议？
2. “外嫁女”能否享受补偿款？
3. “买卖宅基地”时，谁有权取得拆迁款？
4. 租期内房屋征收的补偿款归谁？

常见问题解答

一问一答为常见法律问题提供指南

问 未成年人能不能签订征收补偿协议？

答《民法典》依据年龄、智力以及精神障碍状况为划分标准，将自然人分为完全民事行为能力人、限制民事行为能力人和无民事行为能力人。其中，无民事行为能力人指的是不满8周岁的未成年人，或者是不能辨认自己行为的人；限制民事行为能力人则是年龄处于8周岁以上不满18周岁的未成年人，以及不能完全辨认自己行为的成年人。无民事行为能力人和限制民事行为能力人实施民事法律行为，需由其法定代理人代理，或者经法定代理人同意、追认。限制民事行为能力人仅能独立实施纯获利益的民事法律行为，或者与其年龄、智力相适应的民事法律行为。

所以，未成年人无法独立签订征收补偿协议。

问 老年人如果患有老年痴呆症能否签订征收补偿协议？

答 患有老年痴呆症的老年人，其民事行为能力存在多种可能性，既可能是完全民事行为能力人，也可能是无民事行为能力人或者限制民事行为能力人。在实际操作中，对于患有老年痴呆症的老年人，需要依据其具体病情、专业诊断结果以及权威鉴定意见，进行综合判断。若确认其为完全民事行为能力人，那么该老年人可以单独签订征收补偿协议；若被确定为无民事行为能力人或者限制民事行为能力人，则必须由法定代理人代理签订征收补偿协议。

问 农村中的已婚女性如何保护自己的征收权利？

答 倘若在拆迁过程中遭遇以女性结婚为由，剥夺其平等享有财产权利的情形，建议采取以下措施：其一，向村集体反映情况，通过协商的方式积极维护自身权益；其二，若在村集体层面无法解决问题，可进一步向乡镇人民政府反映，请求政府进行协调处理，也可寻求所在街道的司法所、人民调解员进行调解；其三，若通过调解仍无法解决纠纷，可考虑通过诉讼途径主张自身权利。

问 农村房屋买卖有什么特殊的规定？

答 根据《民法典》《土地管理法》《土地管理法实施条例》等相关法律法规，宅基地是农村的农户或个人占有、利用本集体所有的土地用作住宅基地。只有拥有农村户口的人员，才能够在本集体所有的土地范围内申请宅基地。农民对自有宅基地拥有占有权和使用权，但这种占有存在诸多限制，例如，一户农民仅能拥有一处宅基地，且宅基地只能在本集体经济组织内部流转；农民出卖、出租住房或赠与他人后，不得再申请宅基地。

问 具体要符合什么条件才可以转让农村宅基地使用权？

答 农村宅基地使用权的转让需满足以下条件：其一，转让人和受让人均须属于本集体经济组织成员，符合受让主体资格条件；其二，必须遵循“一户一宅”原则，即每户只能申请一个宅基地；其三，应遵循“房地一体”原则，房屋与宅基地使用权需一同转让；其四，要依法办理相关审批登记手续。此外，若转让人属于“一户一宅”情况，必须明确表示不再申请宅基地，并且要有证据证明其已有住房保障。

问 如果不符合转让条件，对宅基地使用权进行了处置，有什么样的风险？

答 若不符合转让条件而对宅基地使用权进行处置，往往容易引发法律纠纷。在当前司法实践中，对于同一集体经济组织成员之间签订的农村房屋买卖合同，法院通常认定合同有效；而对于本集体经济组织成员与本集体经济组织之外的单位或个人签订的农村房屋买卖合同，则存在较大概率被认定为无效的法律风险。此时，若因房屋价值的升值或者贬值导致的出卖方或者购买方单方面毁约的情况就会较为复杂。

问 房屋买卖合同无效时，农村房屋遇到征收，谁有权获得征收补偿款？

答 农村房屋买卖合同被认定无效，并不意味着房屋的权利灭失。房屋的所有权，一般依据房屋的建设人、占有人、出资人等实际情况来确定归属。若房屋的所有权人与宅基地的使用权人不一致，在拆迁时，应当尊重房屋所有权人的意愿，保障其合法权益。在房屋买卖合同被认定无效后，双方需根据各自的过错程度和对房屋的贡献大小，承担相应的责任并享有相应的权益。

问 出租的房屋遇到征收，承租人有没有权利获得补偿？

答 首先，从物权保护的视角来看，房屋征收补偿的本质是对房屋所有权人丧失物权的补偿，而物权涵盖占有、使用、收益、处分等权利。租赁合同本质上是房屋所有权人将物权中的占有权、使用权让渡给承租人行使，所以承租人应当享有这部分权利对应的补偿。其次，从使用层面分析，承租人基于租赁合同取得了房屋的占用、使用权，可能会对房屋进行装修、改造，而这部分投入与房屋所有权人无关，若征收补偿款中包含了房屋装饰装修、改造等部分的补偿，将这部分补偿给予所有权人并不合理。最后，从损失角度考量，承租人可能会因征收产生停产停业、影响生活等相关损失，若不对承租人给予补偿，有违公平原则。因此，无论是基于法律规定，还是基于公平原则，承租人都有权主张获得相应的征收补偿。

问 征收补偿款在承租人和出租人之间如何进行分配？

答 若双方在租赁合同中对征收补偿有明确约定，则按照约定执行。若合同未作约定，一般情况下，法院会根据不同情形，针对补偿款的具体内容酌情分配。在司法实践中，通常将征收补偿款分为三个部分：一是征收资产补偿，包括土地、房屋、建筑物和构筑物以及装饰装修部分。对于房屋、建筑物部分，法院一般按照所有权归属进行分配；而承租人自行投资的附属物、装饰装修等部分的补偿款，应当归承租人所有。二是征收费用补偿，包括搬迁前期费用和搬迁过程中发生的停工、误期损失费用。法院一般会综合考量承租人是否领取营业执照、租赁合同剩余期限、承租人实际搬迁时间、承租人损失、承租面积等多方面因素，依据公平原则在承租人和出租人之间公平分配。三是基于征收政策产生的奖励费用，拆迁奖励等费用原则上属于房屋所有权人，但由于承租人的配合行为对获得奖励也有贡献，发生争议时，法院也可能支持承租人获得部分征收奖励的主张。

典型案例分析

以案说法为纠纷处理提供具体的参考

案件名称：陈某与范某等合同纠纷

案号：(2021)粤0111民初7809号、(2021)粤01民终28215号

审理法院：广州市白云区人民法院、广州市中级人民法院

案例来源：中国裁判文书网

基本案情 2011年6月3日，原告陈某与被告范某及其家人签订《宅基地使用权转让协议书》，约定范某将坐落于广州市白云区某街宅基地使用权作价58.8万元转让给陈某，如发生政府拆迁等行为，该宅基地上的一切拆迁补偿归陈某所有。后范某及家人又将上述宅基地旁边的地皮6平方米作价2.1万元及铁皮房屋作价4万元转让给陈某。陈某受让上述地块后，兴建了一栋六层半高的房屋用于家庭居住。但之后，该地块被纳入了政府征用拆迁范围，陈某一家遂搬离并将场地移交给了政府。陈某认为，涉案《宅基地使用权转让协议书》违反了法律强制性规定，应属无效合同，范某及其家人应向其返还全部转让款、签名费并赔偿建房装修损失，故诉至法院。

法院观点 关于涉案《宅基地使用权转让协议书》的效力问题。宅基地是家庭户用作建房居住而占有的土地，农村村民的宅基地是基于其村集体成员身份而享有的福利，根据《土地管理法》（2004 年版）第二条关于"任何单位和个人不得侵占、买卖或者以其他形式非法转让土地"的规定，涉案《宅基地使用权转让协议书》实际涉及对农村宅基地使用权的处置，违反了法律法规的强制性规定，依法应当认定为无效。

关于返还宅基地转让款及利息、赔偿建房装修损失的问题。涉案《宅基地使用权转让协议书》是无效合同，但因涉案宅基地及上盖建筑均已被征收拆迁，故本案不涉及返还的问题。实际上，双方因合同无效而产生的权利义务已转为拆迁补偿利益的分配。

裁判结果 （1）确认原告陈某与被告范某及其家人于 2011 年 6 月 3 日签订的《宅基地转让协议书》无效；（2）驳回原告陈某的其他诉讼请求。

律师分析 在本案中，陈某与范某一家并非隶属于同一村集体组织，陈某并不具备涉案宅基地的使用资格。基于此，双方所签订的转让合同，因违反法律的强制性规定，故而被判定无效。

需明确的是，合同无效并不等同于房屋或宅基地的相关权利就此灭失。当合同被认定无效后，双方应依据各自的过错程度与贡献大小，承担相应的责任并享有对应的利益，绝不能因合同无效，便致使一方独占全部权益或放弃所有权益。

法院在审理此类案件时，通常会全面考量诸多因素，诸如宅基地的使用权归属、房屋的建设成本、房屋的实际占有状况以及拆迁补偿标准等，以此合理划分拆迁利益。

因此，在进行农村房屋或宅基地的买卖交易时，务必明确自身是否具备购买资格，严格遵守法律规定，经过合法审批程序，办理好相关手续。

020

谈谈房屋拆迁安置利益的分配与房票政策

FM99.6 厦门综合广播《新闻招手停》第 171 期

主持人:海蕾

主讲人:庄幼留律师[1]、沈玉洪律师[2]

---

① 庄幼留律师,福建旭丰律师事务所第四党支部书记、福建旭丰律师事务所婚姻家庭与财富传承业务部副主任,厦门市中级人民法院调解员、厦门市地方金融纠纷调解中心调解员、厦门市思明区人民法院调解员、认可专业商业调解员、婚姻家庭咨询师。

② 沈玉洪律师,福建旭丰律师事务所民事部副主任;厦门律协第九届刑事诉讼专业委员会委员;厦门律协第九届理事会公益法律服务工作委员会委员;厦门市优秀公益律师;2020 年、2021 年福建旭丰律师事务所履行社会责任先进律师;2021 年、2022 年福建旭丰律师事务所优秀律师。专注领域为刑事辩护、商品房买卖合同纠纷、公司类合同纠纷、婚姻家事类纠纷与侵权纠纷解决、劳动争议、企事业单位法律风险防控与非诉法律服务。

热点问题发现

探寻社会中关注度高的热点问题

1. 征收安置利益如何继承?
2. 共有人如何对拆迁安置利益进行分割?
3. 离婚时拆迁安置利益如何分割?
4. 承租人的拆迁安置利益如何保护?
5. 拆迁补偿政策中的“房票”如何使用?

常见问题解答

一问一答为常见法律问题提供指南

问 实务中因征拆引发的纠纷主要有哪些?

答 近年来,征拆带来的经济补偿成为很多矛盾和纠纷的导火索,因征拆引发的纠纷主要有两类:(1)拆迁人和被拆迁人之间因履行行政协议引发的合同纠纷;(2)利益分配纠纷,即取得相应补偿或置换后,基于家庭成员之间利益分配产生的纠纷,包括离婚纠纷、离婚后财产纠纷、分家析产纠纷、赠与合同纠纷、继承纠纷等。

问 继承时征收补偿如何确定?

答 征收问题有很强的政策性,很大的区域差别。一般来说,首先要确定被征收房屋的应安置人口;其次要确定被继承人在宅基地上的房屋产权与份额；最后要根据具体征收政策分配其他征收补偿，确定被继承人的遗产范围和遗产的分配方式。

问 “分家析产”是指什么？

答 分家析产指的是家庭成员之间因生产和生活上的需要，或者由于不能在一起共同生活，而要求分割其共同共有财产的法律行为。分家析产的原因包括但不限于家庭成员增加或死亡，共同拥有的资产和财产变得复杂，家庭生产、生活方面的实际需要等。实践中，对分家析产的法律性质有两种观点。一种观点认为分家析产是一种赠与行为，即父母将自己所有的财产赠与给子女；另一种观点认为分家析产是对家庭共同财产的分割。分家析产时，应把家庭共有财产和家庭成员个人财产区分清楚，根据公平合理的原则，分割家庭共有财产。

问 征收安置补偿中的分家析产与遗产继承有何区别？

答 继承是通过合法遗嘱或法定继承的方式来确定继承人和继承份额。若被继承人生前立有遗嘱，被继承人遗留的个人合法财产将按照遗嘱在指定的继承人中进行分配；若没有遗嘱，则按照继承顺位来进行法定继承。

分家析产是家庭财产共有人基于分割家庭共有财产的实际需要，在不违反法律强制性规定的情况下，各共有人达成合意后，基于意思自治而签订分家析产协议。

继承的财产基础是被继承人在死亡时遗留的个人合法财产。继承开始时，一般需要先将被继承人的个人财产从夫妻共同财产或家庭共有财产中剥离出来，再由继承人按照份额进行继承。而分家析产的财产基础是家庭共同财产，分家析产协议实质上是对家庭共同财产的分割。

问 案件中既涉及继承纠纷又涉及分家析产纠纷，法院会如何处理？

答 实务中，法院可将继承纠纷和分家析产纠纷合并审理。如果案件中既涉及继承纠纷又涉及分家析产纠纷，特别是涉及宅基地、房屋的分家析产，首先要对宅基地使用权人、房屋所有权人进行确认，对共有人进行确认，其次要析出共有的份额和遗产的份额。在此基础上，属于遗产的财产根据遗产继承的规定来分配。分配过程中应当充分考虑当事人是否参与过房屋建设，在翻建过程中是否有出资，是否与房屋所有人长期共同生活或对被继承人尽到主要赡养或抚养义务。

问 离婚时征收安置补偿如何分割？

答 对于还没有取得房屋所有权证的安置房，即讼争安置房的所有权仅有合同约定，但并未取得相应的物权登记确认，通常法院不会直接判决房屋所有权的归属，当事人待相关权属证书办理完毕后再行主张，其他的征收安置补偿根据实际情况分割。另外，如果是涉及第三人的征收安置补偿，在未作出析产之前，也无法作为夫妻共同财产进行分割。

问 夫妻共同继承的征收安置房、征收补偿款等属于夫妻共同财产吗？

答 是的。根据《民法典》第1062条、第1063条第3款规定，夫妻关系存续期间继承或赠与所得的财产归夫妻共同所有。如果没有证据证明被继承人留有遗嘱或其他文书确定离婚中的一方继承其遗产且仅归该方所有，那么就属于夫妻双方共同继承的遗产，离婚时另一方有权主张分割。

问 离婚时征收安置补偿如何分割？

答 首先，需要明确以下几个方面的情况：(1)婚姻存续期间，双方对房屋的建成是否做出过贡献，例如，有无自建、改建、扩建行为；(2)拆迁安置是否与家庭人口有关，拆迁安置人口的认定及条件；(3)离婚双方有无财产约定等。

一是对于地上建筑物的补偿一般属于建筑物权利人，对于宅基地使用权的补偿一般属于该户的家庭成员。

二是因搬迁、安置会产生必要的费用，搬迁、临时安置等补助、奖励是弥补家庭成员的上述必要花费，具体的每一项补偿(补助)费用需析出其他家庭成员的部分后，剩余的才属于夫妻关系存续期间所得收益。

三是安置房尚未办证的情况下请求分割的主张可能无法得到法院的支持，但如果未办证的安置房已经交付使用的，可以对相关房屋使用权主张权利。

四是征收安置补偿往往还涉及未成年子女。未成年子女的安置面积如何登记、未成年子女的安置面积使用补偿如何分配等问题比较复杂,建议遇到具体问题再具体咨询专业律师。

问 承租人遇到征收时,征收安置补偿如何保障?

答 关于征收过程中承租人的补偿问题,根据《民法典》及相关法律规定,承租人可以获得的补偿主要体现在以下几个方面:一是停产停业损失补偿;二是搬迁补助;三是装饰装修补偿。

实务中还需要结合出租人与承租人的租赁合同来进行判断:如果租赁合同明确约定装修物归承租人所有且装修物不能脱离房屋的,装修补偿应由承租人取得;如果租赁合同未约定装修物归属且装修物能脱离房屋的,则房屋征收过程中将不产生装修补偿。

总体来说,承租人在拆迁过程中的补偿权利是根据其实际损失和租赁合同来确定的。如果承租人认为其权益受到侵害,可以依法提起民事诉讼来维护自己的权益。同时,由于合同是产生相关权利的基础,建议承租人在签署租赁合时预先设置关于拆迁利益归属的条款,以更好地保护自己的权益。

问 什么是"房票"补偿政策?

答 "房票"补偿是征收过程中货币补偿之外的一种补充方式,它是指征收集体土地上住宅房屋时,将房屋征收货币补偿金额计入房票面值并发放给被征收人,被征收人持房票购买房屋以实现补偿安置的方式。目前厦门市政府出台了两个文件：一个是2022年12月厦门市政府作出的《关于集体土地上住宅房屋征收推行房票补偿的意见（试行）》，另一个是2024年10月厦门市政府作出的《关于优化要素资源配置机制推动经济高质量发展的实施方案》，均明确要进一步优化“房票”制度。

问 “房票”补偿有什么优势？

答 在房屋征收时，如果征收改建范围内剩下几户（哪怕仅剩一户）未签约、未搬迁，都会导致该区块安置房无法实施复建，甚至引发被拆迁群众住房难以及时解决、安置逾期造成违约等诸多问题。

“房票”政策的推出使得征收工作更加灵活。通过“房票”安置，打破了传统统筹建设安置小区的安置模式，增加了被征收人自主购房安置模式，拓宽了安置渠道和安置空间。

“房票”政策也解决了安置房建设慢、过渡周期长等问题，市民拿着“房票”就能买到心仪的房子，无须经年等待，也不用被动地选择居住在“回迁房”中。在改善住房方面，市民有了更多的选择。

问 如何使用“房票”？

答 根据相关文件，“房票”可以用于：（1）购买征收项目辖区范围内已办理预售许可、现售备案的新建商品房（住宅、商业、商办和车位）；（2）购买征收项目辖区范围内已办理不动产登记的商品房（住宅、商业、商办和车位）；（3）购买征收项目辖区范围内按规定可公开销售的安置型商品房、安置房和配建房。

最新的政策已经放开“房票”购房区域，既鼓励被征收人在本辖区购房安置，也允许跨行政区购房安置，同时增加了“房票”使用功能，在满足基本居住需求的基础上，可购买公寓、厂房、办公用房，增加群众的财产性收入。

需要注意的是，“房票”的价值在不同地区和项目中差异较大，使用“房票”时，要仔细阅读政策和合同条款，尤其是关于“房票”使用范围、购房资格、交易限制等方面的条款。此外，在“房票”与贷款相结合的购房模式下，资金安排变得更为复杂，要评估好购买能力，合理安排购房资金。

典型案例分析

以案说法为纠纷处理提供具体的参考

案件名称：陈某、洪某省离婚后财产纠纷

案号：(2020)闽0211民初204号

案例来源：中国裁判文书网

基本案情 陈某与洪某省于1997年登记结婚，婚后育有一子(洪某)一女(洪某婷)。2018年3月，经法院审理判决陈某与洪某省离婚。

2018 年 8 月，洪某省、陈某、洪春婷、洪某家庭房屋被征拆，相关部门对被征收人安置房屋一套并补偿拆迁安置款合计 888,313.53 元，该款已由洪某省实际领取。陈某向法院提起诉讼要求分割相关房屋以及拆迁款项，洪某婷、洪某则明确表示放弃对本案拆迁安置房及拆迁安置款项主张相关权益，同意由陈某及洪某省二人进行分割。上述补偿的安置房已实际交付，目前房屋空置，尚未办理权属证书。

法院观点 法院经审理认为，洪某省、陈某、洪某婷、洪某家庭房屋被拆迁所获得的拆迁权益，应归家庭户享有。现洪某婷、洪某二人明确表示愿意放弃其份额，同意由陈某及洪某省对相关拆迁补偿进行分配，本院予以确认。陈某在法庭审理过程中明确安置的房屋尚未办理权属证书，故其要求确认对该房屋享有 1/2 权益的诉讼请求缺乏依据，本院不予支持，该诉求可待权属证书办理完毕后再行主张。安置房屋虽未办理权属证书，但已实际交付使用，陈某作为被拆迁人，对该房屋享有居住使用的权利。陈某在法庭审理过程中陈述该房屋目前空置，并未由洪某省居住使用。在没有证据证明洪某省控制案涉房屋并排除陈某居住使用的情况下，陈某要求洪某省交付案涉房屋亦缺乏依据，本院不予支持。拆迁安置补偿款 888,313.53 元，该款已由洪某省实际领取，陈某享有一半的份额，现陈某要求洪某省支付 444,156.76 元于法有据，本院予以支持。

裁判结果 (1)洪某省应于判决生效之日起十日内向陈某支付拆迁安置补偿款444,156.76元;(2)驳回陈某的其他诉讼请求。

律师分析 本案为离婚后财产纠纷,讼争安置房的所有权仅有合同约定,虽然已经实际交付但并未取得相应的物权登记确认,对于尚未取得房屋所有权证的安置房,法院一般不予判决房屋所有权的归属,当事人可待相关权属证书办理完毕后再行主张,其他的拆迁安置权益可根据实际情况进行分割。

021

借名买房相关问题

FM99.6 厦门综合广播《新闻招手停》第136期

主持人：海蕾

主讲人：刁玫律师①、朱哲钰律师

热点问题发现

探寻社会中关注度高的热点问题

1. 什么是借名买房？

---

① 刁玫律师，福建旭丰律师事务所高级合伙人，获评福建省金融证券保险专业、婚姻家事法专业律师、福建省履行社会责任先进律师、厦门市优秀律师。政协思明区第九届委员会委员、厦门市法学会诉讼法学研究会常务理事、厦门大学法学院实践教学导师、厦门市律协女律师工作专门委员会副主任、厦门市律协民事专业委员会副主任、厦门市中级人民法院、思明区人民法院特邀律师调解员、厦门市海沧区人民法院儿童权益保护观护员、厦门市医患纠纷调解委员会医学专家成员。

2. 借名买房存在哪些风险？
3. 如何规避借名买房中的风险？

常见问题解答

一问一答为常见法律问题提供指南

问 什么是借名买房？

答 借名买房，其字面意思就是借别人的名字买房：一方以他人名义购买房屋，并将房屋登记在他人名下，但是由购买房屋的人实际享有房屋权益。购买房屋的人称为“借名人”，房产登记证上的人称为“出名人”。

问 通常什么情况下会出现借名买房？

答 借名买房的原因有很多，比如，规避购房资格限制、享受特定的购房优惠，甚至还有逃避债务、隐藏真实财产、减免税收、获取贷款等。

问 借名买房的行为存在哪些风险？

答 首先，房产过户方面有风险。当双方完成借名买房的事实行为后，如果“出名人”反悔，不愿意配合过户，此时“借名人”需要依据有效的借名购房协议提起诉讼，请求“出名人”协助办理过户手续。如果房屋限购政策等履行障碍还没有解除，或者借名协议的效力本身被否认，那么“借名人”的诉讼请求可能无法获得支持。

其次，房屋被“出名人”处分的风险。比如，“出名人”私自将房屋出卖给第三人，如果第三人对于借名购房的事实不知情，则其可以直接自“出名人”处取得房屋所有权。

此外，如果“出名人”背负债务，那么“出名人”的债权人可能会对他名下的房屋申请查封或者强制执行。在这种情况下，“借名人”不一定能以自己为房屋真正所有权人为由请求排除强制执行。

问 如何签订有效的借名买房协议？

答 首先需要明确的是，借名买房的行为并不一定有效或一定无效。不同地区法院对这一问题的认识不同，不同案件的具体情况不同，也会影响借名买房效力的认定。一般来说，一个有效的借名买房合同首先需要满足合同成立的基本要件，即合同签订的主体适格，合同符合双方真实意思表示，且合同内容不违背国家法律、社会公共利益。厦门地区法院的大致观点是认为，如果有证据能证明借名买房协议成立，就不因“借名”而认定无效。

典型案例分析

以案说法为纠纷处理提供具体的参考

案件名称：李某某、张某某等物权确认纠纷案

基本案情 王先生和李先生是认识了很多年的朋友。2011 年,李先生拥有一个经济适用房的购房资格,但是因为各方面的原因,其打算放弃该资格。后王先生为自己的侄女张女士向李先生争取到了这个名额。上述经济适用房从前期选购到后期房屋过户等需要履行一系列的手续,且都要李先生夫妻的配合办理,李先生夫妻也口头答应了。即在签合同及收房时,李先生本人必须到场,并且提供夫妻俩的相关材料,等到该房屋符合政策规定(满五年)可以上市交易之后,李先生夫妻再配合张女士办理过户手续。

后来,李先生和开发商签订了房屋买卖合同,买房款项实际是由张女士支付的,之后该房屋也是由张女士实际装修和居住。但是五年之后,当该房屋可以作为商品房进行交易时,李先生夫妻却拒绝把房屋过户给张女士。张女士遂向法院起诉,要求确认其为该房屋的实际所有权人。

在案件审理过程中,李先生夫妻表示,这个经济适用房的资格是王先生借用的,虽然王先生垫付了购房款,还做了装修,但是房屋是李先生借给王先生使用的,没有收取租金。在审理过程中,李先生夫妇把房屋转让给了第三人。

法院观点 一审法院结合双方提供的证据,认为张女士从房屋买卖合同的订立、出钱买房、收房,到装修、居住及缴纳各种费用等各个环节均是主动参与，也保留了购房、收房的相关资料原件，以及支付各种款项费用的票据，并且一直实际居住在该房屋中；而李先生夫妇自从取得经济适用房购买资格起一直到房屋具备上市流通条件时，都没有主动购买以及使用房屋的举动，并且李先生夫妻所提供的证据，都是在房屋具备上市条件之后，一些关键的证据材料也都是档案资料的复印件，并不是原件。因此法院认为，张女士提交的证据证明力更强，认定本案属于借名买房。加之在案件审理过程中，李先生夫妻将房屋转让给了第三人。基于此，法院认为，李先生夫妻俩存在为达到占有案涉房屋的目的，隐瞒事实真相，恶意串通第三人取得案涉房屋产权的行为。一审判决确认房屋归张女士所有。

然而二审法院认为，经济适用房的政策是为保障低收入人群的基本居住权益而建立的制度，具有极强的社会公益性。如果允许借名买卖，将会极大地损害低收入者的利益。所以，二审法院改判驳回了张女士的诉求。至于张女士在这个房屋上的花费，则由双方另行起诉处理。

律师分析 经济适用住房是政府面向城市低收入困难家庭供应的、具有保障性质的政策性住房。换言之，购买经济适用房与购买人的购买资质有密切联系，购买人必须满足国家规定的条件。

本案中，两审法院对于经济适用房的认定有较大差异：一审法院认为，经济适用房并不是国家法律明确规定禁止流通的商品住房，虽然在最初购买时有政策层面设定的限制条款,但是经过一段时间以及通过补充缴纳相关费用之后,经济适用房的商品化性质与其他可流通的商品房屋并无区别,所以不会对社会公共利益造成损害;而二审法院则认为,经济适用房购买指标是一种权利,这种权利具有专属性,其行使应该受到严格控制,也就是说,权利人要么自己行使权利,要么放弃权利,而不能将权利转让作为牟利的工具。一旦经济适用房的购房指标被转让,就意味着一个指标被浪费,一个符合购买条件的低收入家庭就会失去购买经济适用房的机会,这明显是与社会公共利益相悖的。

从这个案例中也可以看出,规避政策情况下是否会影响借名买房的效力,目前并没有一致的观点。因此,提醒大家注意:限购政策是为稳定房价、抑制不合理的住房需求、切实解决城镇居民住房问题而制定的经济政策。规避国家限购政策的借名买房合同很可能会被认定为违背公序良俗,从而无效。而且购买限购房屋需要满足特定的要求,这就意味着这种购房权利具有人身专属性。而借名人往往并不符合购买限购房屋的要求,如果认定借名买房合同有效,那么势必会侵害其他满足限购要求的购房者的利益,导致限购政策宏观调控的目的落空。所以建议大家不要轻易选择借名买房,借名买房本身存在极大的风险。

022

承租人拖欠租金，出租人如何维权

FM99.6 厦门综合广播《新闻招手停》第 158 期

主持人：海蕾

主讲人：周慧律师[①]、廖子瑶律师[②]

---

① 周慧律师，福建旭丰律师事务所律师，北京师范大学法律硕士，专注领域为合同纠纷、劳动争议、婚姻家事及公司法领域的诉讼和非诉讼法律服务。

② 廖子瑶实习律师，大连海事大学国际经济法学学士，厦门大学法律硕士，获得 2023 年度旭丰模拟法庭大赛“团队亚军”，“优秀个人”荣誉；主要从事民商事领域的法律事务，包括合同纠纷、房地产、侵权等诉讼法律业务，为多家国企、中小企业提供法律顾问服务。

热点问题发现

探寻社会中关注度高的热点问题

1. 承租人欠租，出租人可采取的维权措施
2. 出租人行使权利需注意的法律限制及限度
3. 租赁合同解除的方式及时间
4. 解除租赁合同产生的法律后果
5. 承租人欠租，出租人是否必然可以解除合同？
6. 承租人欠租，出租人断水电是否可行？

常见问题解答

一问一答为常见法律问题提供指南

问 承租人未及时缴纳租金时，出租方可以采取何种维权措施？

答 根据《民法典》第722条的规定，承租人无正当理由未支付或者迟延支付租金的，出租人可以请求承租人在合理期限内支付；承租人逾期不支付的，出租人可以解除合同。

也就是说，在承租人不及时缴纳租金时，出租人可以先行对其进行催告。需要注意的是，出租人的催告最好以书面形式进行，便于留痕以保留己方已经积极主张权利的证据。如果承租人依旧迟延支付或拒绝支付房租的，出租人除租金之外，还可以按照合同的约定要求承租人支付违约金。

如果租赁双方没有在合同中特别约定如何行使解除权，经出租人催告后，承租人仍未支付房租的，建议出租人采取发送书面通知的形式，行使法定解除权来解除租赁合同，并要求承租人赔偿出租人因此受到的损失。

如果承租人仍然拒不支付租金的，出租人可以诉至法院请求法院强制其腾退房屋并交纳租金、违约金等。

问 承租人不支付租金的，出租人可以留置承租人的财产吗？

答《民法典》第 447 条第 1 款规定，债务人不履行到期债务，债权人可以留置已经合法占有的债务人的动产，并有权就该动产优先受偿。所谓留置权，是指债权人合法占有债务人的动产，债务人不清偿债务时，债权人有权留置该财产，并以该财产折价或者拍卖、变卖该财产的价款优先受偿。行使留置权需满足三个条件：一是债权人合法占有债务人的动产；二是债权与该动产基于同一法律关系发生；三是债务必须已届清偿期。

所以，除非双方事先在租赁合同中特别约定了留置条款，出租人不可以擅自留置承租人在出租房屋内的财产，更不能以相应财产抵偿租金。

问 出租人起诉支付租金有期限限制吗？

答《民法典》第 188 条规定，向人民法院请求保护民事权利的诉讼时效期间为三年。法律另有规定的,依照其规定。诉讼时效期间自权利人知道或者应当知道权利受到损害以及义务人之日起计算。因此,如果承租人不支付租金,出租人起诉承租人支付租金的诉讼时效为三年,从出租人知道或者应当知道承租人拖欠租金时开始计算。

问 如何合法地解除租赁合同?

答《民法典》第565条关于"合同解除程序"是这样规定的:当事人一方依法主张解除合同的,应当通知对方。合同自通知到达对方时解除;通知载明债务人在一定期限内不履行债务则合同自动解除,债务人在该期限内未履行债务的,合同自通知载明的期限届满时解除。对方对解除合同有异议的,任何一方当事人均可以请求人民法院或者仲裁机构确认解除行为的效力。当事人一方未通知对方,直接以向法院提起诉讼或者申请仲裁的方式依法主张解除合同,人民法院或者仲裁机构确认该主张的,合同自起诉状副本或者仲裁申请书副本送达对方时解除。

归纳一下,合法解除租赁合同有两种方式:第一种,通过通知的方式来解除合同。一方当事人需要将解除合同的意思表示传递给对方,可以通过口头通知、纸质信函、电子邮箱、微信聊天等方式通知。但是,在涉及合同解除的诉讼中,行使解除权的一方对自己通知对方解除合同这一事实负有举证责任,因此,建议解除通知以书面形式留痕,便于在诉讼过程中进行举证。

第二种,通过诉讼、仲裁等方式来解除合同。如果法院或者仲裁机构确认合同解除，那么对方当事人自收到起诉状或仲裁申请书副本之日起合同即解除。

问 解除租赁合同会产生怎样的法律后果？

答 《民法典》第566条规定，合同解除后，尚未履行的，终止履行；已经履行的，根据履行情况和合同性质，当事人可以请求恢复原状或者采取其他补救措施，并有权请求赔偿损失。合同因违约解除的，解除权人可以请求违约方承担违约责任，但是当事人另有约定的除外。从上述法律规定来看，合同解除主要有四种法律后果：(1)终止履行。(2)恢复原状。(3)赔偿损失。(4)违约方承担违约责任。

具体到租赁关系，租赁合同的解除可能涉及租赁物的腾退返还、各项费用的清算、违约金和占用费的计算以及恢复原状、损失承担等具体事项。

问 解除租赁合同后，承租人仍不返还租赁物怎么办？

答 租赁关系的解除会导致房屋的交接返还和租金结算，承租人返还房屋的时间节点，也是计算应付未付租金和占用费的事实依据。根据法律规定，租赁合同终止后，如果承租人仍无故占用房屋，出租人可以主张占有使用费，占有使用费的标准参照《最高人民法院关于审理城镇房屋租赁合同纠纷案件具体应用法律若干问题的解释》(2020年修正)第4条第1款的规定“房屋租赁合同无效，当事人请求参照合同约定的租金标准支付房屋占有使用费的，人民法院一般应予支持”。

具体可以分为以下三种情形来探讨：

一是承租人擅自搬离房屋，但未办理交接手续，此时不能认为租赁双方已就解除租赁合同达成合意，承租人仍需支付租金。在此种情形下，法院会审查是否存在出租人实际控制房屋的事实。在司法实践中，证明出租人已经收回房屋的举证责任在承租人，即如果承租人有证据证明出租人实际接收了房屋钥匙等事实，可以视为交接了房屋。若无证据证明出租人已经收回房屋，一般认定承租人继续占用房屋，房屋空置或者未实际使用并不是承租人可以免责的理由。

二是承租人实际搬离房屋且已办理交接手续，但仍未搬离屋内物品或仍未对屋内恢复原状。在此种情形下，出租人可选择向承租人发送通知，要求承租人限期将房屋中的物品搬离，将房屋恢复原状，否则应由承租人承担房屋占用费。所以，即使承租人已经实际搬离房屋，并不意味着其已经完成合同约定的将房屋恢复原状的义务，出租人仍可就此要求承租人支付房屋占有使用费。

三是出租人未及时收回房屋或者拒绝配合承租人办理房屋交接手续。在此种情形下，出租人本应及时收回房屋，但其放任房屋空置造成损失的扩大，亦应根据过错程度自行承担一部分损失。出租人如无正当理由拒绝配合承租人办理房屋交接，则无权向承租人主张房屋占用费损失，法院对过错程度大小以及合理期间的认定有一定的自由裁量权。根据常见的裁判观点，一般在出租人知道或应当知道承租人撤场后 2～3 个月内即应采取措施收回房屋。故出租人应及时向承租人发出催告函督促承租人办理房屋交接手续，承租人不配合的出租人也应及时通过起诉等方式维护自身合法权益。

问 在司法实践中，迟延交付租金是否必然可以成为解除合同的理由？

答 《民法典》第 703 条规定："租赁合同是出租人将租赁物交付承租人使用、收益，承租人支付租金的合同。"因此，承租人未按约定交纳租金的，构成合同违约。《民法典》第 577 条规定："当事人一方不履行合同义务或者履行合同义务不符合约定的，应当承担继续履行、采取补救措施或者赔偿损失等违约责任。"也就是说，继续履行、采取补救措施或者赔偿损失等都是承担违约责任的方式。

在山东省某司法判例中，某供销社与钱某于 2017 年签订了《房屋租赁合同》，约定某供销社将其营业楼楼上几间房租赁给钱某使用。合同中已经明确约定了租赁期限，每年租金 5000 元，一年一缴。但是钱某并未按约定支付 2021 年至 2022 年的租金，某供销社遂于 2023 年 4 月向法院提起诉讼。2023 年 5 月，钱某欲向某供销社交纳 2021 年至 2022 年拖欠的租金，但某供销社却以向法院提起诉讼为由拒绝接收。之后，某供销社又于 2023 年 6 月撤回起诉。

2023 年 7 月，某供销社再次向法院提起诉讼，要求判令解除其与钱某签订的《房屋租赁合同》，要求钱某返还房屋并支付拖欠租金及利息，钱某于2023年11月将15,000元钱存入某银行,并将存单交至法院。法院判令钱某向某供销社支付租金10,000元及利息,驳回了某供销社关于解除合同的诉讼请求。

法院认为,实践中应充分理解设立法定解除权的立法用意,综合认定合同目的无法实现的情形。如合同目的得以实现,为维护市场稳定和交易安全,实现实质公平,合同解除应谨慎适用。合同履行过程中存在一方迟延履行的违约行为,原则上不必然导致合同解除,而应由守约方向对方发出履行催告,规定一个宽限期。若违约方积极履行了义务,未造成守约方显著损失,不影响合同目的实现,应认定违约方违约程度显著轻微,不构成法定解除情形。从这个案例中我们可以看到,解除合同并不是惩罚方式,也不是唯一救济途径。在承租人积极弥补因其违约造成损失的情况下,应当兼顾合同和交易的稳定性,驳回出租人要求解除合同和返还租赁房屋的诉求。

问 出租人是否可以通过断水、断电等方式来维权?

答 租赁双方若已经在租赁合同中约定,在催缴租金无效后可以采取相应的断电、断水等措施,那么出租人可以通过该等方式来维权,促使承租人交纳租金。但在司法实践中,亦有裁判观点认为,出租人采取切断水电的措施对双方合同履行造成的影响不得超过必要限度,应当与承租人欠付的租金数额、比例以及过错程度相适应。如果扩大了损失,则应承担相应的法律后果。

也就是说，合同约定并不是出租人采取断水断电措施的“免死金牌”，关键是出租人在采取断电断水措施前要进一步判断断水断电是否违反诚实信用原则、是否合理必要。若出租人行使断水断电的权利超过正当界限，则构成权利滥用，应承担相应的法律后果。

如果租赁合同中没有相应约定，但承租人已经构成严重违约，达到合同解除条件，并且出租人已经向承租人提出解除租赁合同的，那么出租人可以采取断水断电措施；租赁合同到期后承租人拒绝搬离的，出租人亦有权断水断电。

综上，出租人是否可以采取断水断电措施，首先要明确租赁合同中是否有相关约定；其次要考虑断水断电措施是否合理必要、是否超过正当界限；最后如果必须采取断水断电措施，出租人还需提前通知承租人，避免损失扩大。此外，供水供电系出租人在租赁期间确保租赁物符合约定用途的义务与责任，且租赁物约定的租金标准应以房屋正常使用为前提，故因出租人采取锁门、断水断电行为导致房屋贬损的，承租人也可以提起诉讼要求租金减免、赔偿损失等。

023

谈谈“业主委员会如何规范行使职权？”

FM99.6 厦门综合广播《新闻招手停》第 135 期

主持人：海蕾

主讲人：庄幼留律师①、赖丽华律师②

---

① 庄幼留律师，福建旭丰律师事务所第四党支部书记、福建旭丰律师事务所婚姻家庭与财富传承业务部副主任，厦门市中级人民法院调解员、厦门市地方金融纠纷调解中心调解员、厦门市思明区人民法院调解员、认可专业商业调解员、婚姻家庭咨询师。

② 赖丽华律师，福建省律师协会知识产权专业委员会委员、厦门市律师协会知识产权专业委员会委员、福建旭丰律师事务所知识产权业务部副主任、厦门市中级人民法院调解员、厦门市思明区人民法院调解员。

热点问题发现

探寻社会中关注度高的热点问题

1. 业主委员会常见涉诉案件类型有哪些？
2. 什么是住宅小区业主委员会章程及运行机制？
3. 什么是业主监督委员会？
4. 什么是“楼栋长”制度？
5. 业主委员会应如何规范行使职权防范相关法律风险？

常见问题解答

一问一答为常见法律问题提供指南

问 随着城市化进程的不断推进，住宅小区的业委会与居民生活的关联越发紧密。那么，业委会常见的涉诉案件类型有哪些？

答 通过检索发现，近5年在厦门市辖区内涉及“业委会”的案件中，民事案件达1100余件，行政案件30余件，刑事案件6件，执行案件10余件。从2020年至2024年，案件数量总体呈逐年递减态势。就案件涉及金额而言，约87%的案件标的额在10万元以下。不过，由于样本来源受限，这些数据存在一定局限性。其中民事案件主要集中于物权类纠纷和合同类纠纷，案由包括业主撤销权纠纷、业主知情权纠纷、物权保护纠纷以及物业服务合同纠纷。

问 什么是住宅小区业委会章程及运行机制？

答 业委会在日常开展活动时，应当严格遵行业委会章程。业委会章程是对业委会各项事务的规定，主要涵盖以下几个方面：其一是“组织架构”，通常设置主任一名、副主任一名、财经委员一名、监察委员一名，可根据实际情况决定是否聘任执行秘书，执行秘书不一定是业委会委员或业主；其二是“权利职责”，包括整个业委会的职责，主任、副主任、财经委员、监察委员、普通委员各自的职责等；其三是“经费与办公用房”，业委会的经费开支包含业主大会和业委会会议开销、必要的日常办公费用、业委会有关人员的津贴、审计费用等。财经委员需做好相应账目清单，并按规定进行公示。若经费从经营收益收入列支，且该收入委托物业服务企业负责管理，那么物业服务企业应每季度向业委会汇报账目情况，由业委会每年度向业主公布。业委会章程既是业委会的治理规则，也是其运行的基础。

问 监察委员的具体职责是什么？

答 监察委员是由业主通过业主大会投票选举产生的业委会成员之一，其具体职责如下：(1)切实执行业主大会、业委会的决议和决定；(2)积极参加业委会会议等有关活动，参与有关事项的决策；(3)深度参与制订业委会工作计划和实施方案；(4)参与制订业主大会、业委会印章使用管理、档案资料管理、财务管理、信息公开、接待等制度；(5)妥善保管业委会印章，认真做好用印登记手续，并跟踪落实印章使用的相关事宜；(6)做好业委会档案资料的收集、整理、归档工作。监察委员资格终止后的10日内，需将业委会档案、印章等资料移交新一届业委会主任及监察委员，并做好相关验收、交接手续。

总的来说，在实践中，保管业委会印章、做好用印登记手续、档案的收集整理归档以及新旧届业委会手续移交等工作，主要由监察委员负责。

问 业委会工作具体是如何运行的？

答 业委会工作运行机制，是将业委会具体的规范运行方式形成书面制度，一般包含以下内容：一是“业委会成立、换届制度”，涵盖业委会委员的人数、每届任期、成立及换届程序；二是“业委会会议制度”，包括定期会议和临时会议，定期会议每季度至少召开一次，临时会议可根据实际情况约定召开；三是“经费、津贴”，可对业委会委员是否设置津贴以及津贴标准进行约定；四是“相关制度管理办法”，这是重点部分，包括业委会印章管理制度、业委会工作档案制度、业主接待制度或意见反馈制度、信息公开制度、财务管理制度等。业委会依据不同的工作内容，适用不同的运行机制，以此确保这一执行机构能够实现良性运转。

问 什么是业委会监督委员会？

答 业委会监督委员会（又称监委会）是由业主大会选举产生的监督机构，依据业主大会的决定、决议及授权开展工作，向业主大会负责和汇报。监委会的宗旨是秉持“公开、公平、公正、独立”的原则，依据业主大会的决定、决议及授权，监督业主大会决议、决定的执行情况和业主代表、业委会委员的工作情况，维护广大业主的合法权益。

问 监委会的职责有哪些？与上面的监察委员有什么区别？

答 监委会的职责主要包括：（1）监督管理规约、业委会工作规则的执行情况；（2）监督业主代表大会、业委会决议、决定的制定过程及落实情况；（3）监督业主代表大会、业委会履行职责的情况；（4）监督小区公共事务、共有收益等收支、使用、公开等情况；（5）监督小区资金、资产、资源管理使用情况等财务活动，检查、审核财务账目及相关的经济活动事项，有权否决不合理开支；（6）监督小区业主反映问题的落实办理情况；（7）业主大会授权的其他监督职责；（8）监委会所作决定须经三分之二以上委员同意方可生效。

监察委员是业委会委员之一，而监委会是独立于业委会的，并非必须成立。监督委员会需由业主召开业主大会选举产生，只有业主大会才能制定监督委员会管理规约以规范相关工作，包括但不限于监委会的选举及任期、工作职责、权利义务、监委会的监管内容和程序、如何实施监督程序、工作制度等。

问 监委会的设立是否有相关的法律依据？

答 根据2023年《福建省物业管理条例》第13条第2款规定：业主大会可以从业主中选举产生三至五人的业主监事会，根据业主大会的授权和管理规约的规定，行使对业委会的监督权。业主监事会有权对业委会工作情况进行核查，发现存在问题的，有权要求业委会纠正。监事会每届任期与业委会任期相同。

问 什么是“楼栋长”制度？

答 目前我国法律虽未对“楼栋长”制度作出相关规定，但为健全小区组织网络，完善小区管理体制，切实调动各楼栋业主参与小区管理的积极性，“楼栋长”制度确有存在的必要。具体而言，楼栋长的主要工作职责如下：(1)密切联系本楼栋业主，及时征集并反馈本楼栋业主的意见及建议，履行对楼栋微信群的管理职责；(2)代表所属楼栋业主参加业主大会、业主代表大会会议，参与议题讨论与决策；(3)配合各单位、组织共同参与本楼栋重要工作，如启用维修资金、楼栋工程验收、消防隐患排查等；(4)积极支持、配合业委会的工作，对业委会的工作提出合理化意见和建议；(5)履行本楼栋对物业服务企业的监督职责，如每月电梯维保现场监督、物业整改事项完成进度及效果监督；(6)参与协调处理本楼栋业主内部矛盾，督促住户遵守《小区管理规约》等相关规定；(7)了解掌握楼栋内业主家庭基本情况，配合社区做好楼栋的房屋出租和流动人口的管理登记;(8)维护环境卫生,推进垃圾分类工作等。

问 “楼栋长”是否可以代表业主投票?

答 根据《福建省物业管理条例》第15条规定:“召开业主大会可以采用集体讨论的形式,也可以采用电子信息技术或者书面征求意见的形式。但应当由物业服务区域内专有部分面积占比三分之二以上的业主且人数占比三分之二以上的业主参与表决。提倡采用信息化技术,改进业主大会表决方式。采用集体讨论方式的,业主可以自行或者委托代理人参加业主大会会议,也可以根据业主大会制定的议事规则推选业主代表参加业主大会会议……”以及《民法典》第161条规定:“民事主体可以通过代理人实施民事法律行为”。若业主通过业主大会在《小区议事规则》等文件中明确约定“楼栋长”制度和楼栋长代表业主投票的细节,那么“楼栋长”便有权利代表业主投票。

问 业委会应如何规范行使职权防范相关法律风险?

答 业委会作为业主大会的执行机构,由于自身组织机构和人员存在一定局限性,决定了其在日常管理和决策过程中存在诸多法律风险。对于法律风险的防范,建议如下:

(1)业委会在成立之初,就应在法律专业人士的指导下,完善小区管理规约、业主大会议事规则、业委会工作运行机制、业委会章程这四大文件,以此约束业主、物业服务企业、业委会等各方的相关行为。

（2）在日常履行职责过程中，应明确自身职责与权限，严格在业主大会授权范围内进行决策，依法依规公开相关业委会工作事宜，并监督物业服务企业履行相应职责。同时，要做好工作记录并及时归档留存证据。

（3）需要特别注意的是，小区管理规约、业主大会议事规则、业委会工作运行机制、业委会章程的规定，不可避免地存在滞后性。若业委会工作开展缺乏依据或者依据不具有可行性，应在法律专业人士指导下，召开业主大会修改相关文件，使业委会作为业主大会的执行机构能够真正执行到位。此外，在涉诉时，应积极应诉或提起诉讼，并注意收集相关资料。

典型案例分析

以案说法为纠纷处理提供具体的参考

案件名称：刘某庆、黄某平与某业主委员会业主撤销权纠纷

案号：（2023）闽 0203 民初 12801 号

审理法院：厦门市思明区人民法院

案例来源：中国裁判文书网

基本案情 刘某庆、黄某平系案涉小区业主，厦门市思明区某大厦小区业主大会于2023年4月6日至11日召开，并表决通过包括选举产生第六届业主委员会及《某大厦小区机动车辆停车管理办法》等事项。刘某庆、黄某平认为案涉停车制度方案严重侵犯了其合法权益，遂请求法院予以撤销。

法院观点 法院经审理认为，《民法典》第280条第2款规定的业主“合法权益”包含“程序权益”和“实体权益”。《民法典》第275条第2款规定，占用业主共有的道路或者其他场地用于停放汽车的车位，属于业主共有。案涉某大厦小区停车位属业主共有，停车位的使用和管理应由业主共同管理。业委会确认案涉停车制度方案并未召开业主大会，并主张系根据业主大会通过的停车管理办法制定。业主对共有部分享有的共同管理权属法律明确规定的权利，案涉停车制度方案所涉及的抽签细则、收费标准等事项显然涉及全体业主切身利益，属于共同管理的重大事项，该些事项依法应经过业主充分表决。

裁判结果 法院认为，在未依法召开业主大会，未形成业主决议的情况下所作出的案涉停车制度方案，损害了业主的程序权益，应予以撤销。

律师分析 无论前述停车管理办法是否合情合法，也无论该停车制度方案确定的停车费标准是否合理、是否低于市场价，业委会均无权将应当交由业主表决的事项直接作出决定。业委会在日常运作过程中应审慎进行法律风险的防控,健全组织架构,严格决策流程;业委会在日常决策时应注意留存相关资料,如证明决策程序合法性的相关证据。

024

民法典时代聊聊合作炒股那些事

FM99.6 厦门综合广播《新闻招手停》第 164 期

主持人：海蕾

主讲人：林铮铮律师[①]、林宇翔律师[②]

---

① 林铮铮律师，福建旭丰律师事务所执业律师；中共福建旭丰律师事务所第一支部委员会书记、厦门市优秀青年律师人才库成员、厦门市律师协会公益法律服务工作委员会委员、福建旭丰律师事务所证券与资本市场部副主任、第三届、第四届福建青年律师辩论大赛厦门代表队成员。

② 林宇翔律师，福建旭丰律师事务所执业律师；中共福建旭丰律师事务所第三支部委员会书记、第九届厦门市律师协会民事执行专业委员会委员、厦门市中级人民法院特邀调解组织调解员、福建旭丰律师事务所能源与环境保护业务部副主任，2023 年获评"厦门市律师行业优秀共产党员"。

热点问题发现

探寻社会中关注度高的热点问题

1. 合作炒股合法吗？
2. 签订合作炒股合同的注意事项
3. 何种行为会导致合作炒股合同无效？
4. 合作炒股合同无效的后果

常见问题解答

一问一答为常见法律问题提供指南

问 合作炒股合法吗？

答 合作炒股是否合法，要看各方在合作炒股过程中签订的合同或相关行为是否符合法律规定。所以，在合作炒股的过程中，要注意签订合作炒股合同，约定好各方之间的权利义务关系。

问 签订合作炒股合同有什么注意事项？

答 （1）要注意合同各方的主体资格是否合法，出资方的资金来源是否合法。例如，合作炒股中的一方如果是证券从业人员，则合同可能无效，因为证券从业人员有法定义务避免利益冲突，不得利用职务便利为自己或他人谋取不正当利益。（2）合同内容要符合《证券法》等相关法律法规的规定；合同中应明确双方的投资额、利润分享、亏损分担、事务执行、投资的转让、违约责任等内容。(3)合同中应有保密条款,防止泄露股票信息造成损失;应当明确股票账户的管理权限,以及在特定情况下的强制平仓权等内容。

问 合作炒股合同中,是否可以约定由一方全权负责操作,或者约定限制股票的买卖品种、数量等内容?

答 合同中可以约定由一方全权操作股票买卖,但该方应具备相应的资质和能力,并且合同中应明确操作方的权限和责任,以及可能产生的风险和损失承担方式。合同中也可以约定对股票的买卖品种和数量进行限制,以控制投资风险。不过这些限制应当明确具体,并且得到各方的认可。

合作炒股合同本质上是双方意思自治的表现,双方可以结合实际情况对合同内容进行约定,比如,可以约定由一方承担所有费用、约定由第三方提供担保以保障合同的履行等,但是要注意的是,约定内容需要明确具体,且符合法律的规定。

总的来说,合同中应当详细列明各方的权利、义务和责任,以避免未来可能产生的纠纷。合同内容是否合法、合同的签订是否符合法定程序、合同的履行是否符合法律规定直接决定了合同的效力,如果合同内容违法或者合同签订和履行过程中存在违法行为,则合同可能被认定为无效。在实践中,有很多合作炒股合同因为被认定为是民间借贷或被认定为是场外配资而无效。

问 为何有的合作炒股合同会被认定是民间借贷？

答 民间借贷通常是指自然人、法人、其他组织之间进行的资金借贷活动。如果合作炒股协议中约定了固定收益而不涉及风险分担，比如约定一方不承担任何风险，那么很可能会被认定为是民间借贷。

问 合作炒股合同是否可以设定保底条款？

答 保底条款通常是指保证固定收益的条款，即合同中约定由一方保证另一方的最低收益。股票投资本身具有高风险，而保底条款违背了风险共担的原则，因此这种情形和约定一方不承担任何风险的情形一样，很可能会被认定为合同无效。

问 如何界定合作炒股涉及场外配资？

答 场外配资涉及股票交易的杠杆操作，是在证券交易市场之外通过非正规渠道进行的融资融券活动，通常是指未经金融监督管理部门批准，法人、自然人或其他组织之间约定，融资方向配资方缴纳一定现金或一定市值证券作为保证金，配资方按杠杆比例将资金出借给融资方用于买卖股票的行为。场外配资行为规避证券市场监管，破坏金融秩序，损害社会公共利益，是一种违法行为。如果合作炒股合同中涉及配资比例、警戒线、平仓线等典型的股票配资要素，则可能被认定为属于场外配资。

问 如果合作炒股涉及场外配资，可能会面临哪些法律风险？

答 参与场外配资可能面临包括民事责任和刑事责任在内的多重法律风险。民事责任包括合同无效、财产损失赔偿责任等；刑事责任主要是与非法经营罪相关。尤其是在明知配资中介使用资金进行非法配资业务的情况下，提供资金或账户的行为可能被认定为非法经营罪的共同犯罪。

问 合作炒股合同被认定为无效，会产生什么法律后果？

答 根据《民法典》的有关规定，因无效合同取得的财产应予返还，不能返还或者没有必要返还的，应当折价补偿。在合同无效情况下，双方应根据各自的过错程度合理分担风险与损失。但合作炒股合同无效仅是可能发生的民事法律方面的风险，如果出现场外配资等情况且情节严重的，还可能构成非法经营罪。

问 合作炒股中如果一方涉嫌非法经营罪，另一方是否会受到牵连？

答 是否会受到牵连取决于该方是否知情、参与或协助非法经营活动。如果该方知情不报或参与其中，则可能需要承担相应的法律责任。

此外，合作炒股中如果一方使用内幕信息进行交易，该行为也是违法的。另一方应立即停止合作，要求对方赔偿由此造成的损失，并有义务向证券监管机构报告此类违法行为。

问 合作炒股中如何界定投资收益和亏损？如果发生亏损，亏损该如何分担？

答 投资收益和亏损的界定应当根据合同约定和实际的股票交易情况来确定，收益和亏损的分担也应当根据合同约定来执行。如果合同中有明确的比例划分，则按照约定的比例分担；如果没有约定或者约定不明确，则需要根据各方的实际出资比例和过错程度来合理分担。

典型案例分析

以案说法为纠纷处理提供具体的参考

案件名称：刘某华与黄某等投资纠纷

审理法院：广东省高级人民法院

案例来源：中国裁判文书网

基本案情 刘某华与黄某二人曾签订《投资合同》，约定：刘某华向黄某提供三个股票账户以及1.1亿元，由黄某进行股票买卖，黄某保证刘某华投资本金不亏损并按时支付投资收益，并用其名下股票账户资金作担保。后来股票投资发生亏损，双方重新签订了投资合同确认股票账户市值，但因为黄某没有向刘某华支付本金及收益，刘某华向法院提起诉讼。

法院观点 在本案中,刘某华提供资金,将其名下的证券账户交由黄某进行股票买卖操作,向黄某收取固定本息,刘某华并不参与股票买卖的决策和操作,证券账户的盈亏不影响刘某华的收益。所以法院认为,案涉合同不符合投资合作合同共享收益、共担风险的特征。最终法院认定,案涉《投资合同》实为借款合同,判决黄某偿还本金及利息。

律师建议 如果合作炒股协议中规定了固定收益而不涉及风险分担,很可能会被认为是民间借贷,因此要注意避免合作炒股协议中出现类似条款。

Part Four

第四编 合同

4

025

春节出游，法律相伴

FM99.6 厦门综合广播《新闻招手停》第 134 期

主持人：海蕾

主讲人：焦苏闽律师①、沈逸琛律师②

热点问题发现

探寻社会中关注度高的热点问题

1. 签订旅游服务合同的注意事项

---

① 焦苏闽律师，福建旭丰律师事务所律师，福建旭丰律师事务所民事业务部、知识产权中心成员律师，中国共产党福建旭丰律师事务所第四支部纪律委员，擅长企业法律顾问、商事合同纠纷（融资租赁合同、买卖合同）、知识产权纠纷。

② 沈逸琛律师，福建旭丰律师事务所律师，福建旭丰律师事务所民事业务部、公司业务部成员律师，福建旭丰律师事务所青工委委员，擅长民商事争议解决及非诉法律服务。

2. 旅游者享有哪些特殊权利？
3. 旅游者的主要义务有哪些？
4. 宠物寄养的法律风险

常见问题解答

一问一答为常见法律问题提供指南

问 与旅行社订立旅游服务合同时的注意事项有哪些？

答 旅游服务合同是指旅行社提供旅游服务、旅游者支付旅游费用的合同，主要包括包价旅游合同和旅游代办合同两种。所谓包价旅游合同，是指传统意义上的组团合同，由旅行社提供有关旅行的全部服务（包括食、住、行、游、购、娱等旅游服务），游客支付费用的旅游合同，也是跟团游需要签订的合同。所谓旅游代办合同，也称委托旅游合同或者中间人承办的旅行合同，是指旅游者借助旅行社的专业知识、业务经验和渠道，委托旅行社代办部分与旅游有关的服务，如代订交通、住宿、餐饮、游览、娱乐等。从性质上讲，代办合同属于委托合同，法律关系相对比较简单。

根据《旅游法》第58条的规定，包价旅游合同至少应当具备八个方面的内容：旅行社、旅游者的基本信息；旅游行程安排；旅游团成团的最低人数；交通、住宿、餐饮等旅游服务安排和标准；游览、娱乐等项目的具体内容和时间；自由活动时间安排。旅游费用及其交纳的期限和方式；违约责任和解决纠纷的方式。《旅行社条例》中还规定，旅游合同中应当载明签约地点和日期，以及旅游服务监督、投诉电话等。上述约定事项既可以保证旅游合同的顺利履行，也有利于及时对旅行社的违约行为进行监督。

问 旅游者是特殊的消费者，在享有消费者权利的同时还享有哪些特殊权利？

答 旅游者作为消费者，其消费的对象是旅游产品和服务。为保障旅游者和旅游经营者的合法权益，规范旅游市场秩序，全国人大常委会专门制定了《旅游法》。《旅游法》第二章赋予了旅游者多项特殊权利，包括：(1)自主选择权，也就是说旅游者可以根据自己的需求，对旅游产品进行比较、鉴别和挑选，选择提供旅游服务的经营者，选择旅游产品品种和服务方式；(2)公平交易权，如果旅游服务过程中旅游经营者违背旅游者的意愿，强制或者限定旅游者购买其指定的旅游产品、商品或者服务时，旅游者有权予以拒绝；(3)知情权，也就是说旅游者有权知悉其购买的旅游产品和服务的真实情况；(4)要求履约权，在实践中，如果出现旅游经营者不按照约定提供产品和服务的情况，擅自减少旅游服务项目、变更路线、提供的服务标准不达标等，旅游者可以根据《民法典》及《旅游法》的相关规定，要求旅游经营者按照约定提供产品和服务；(5)特殊群体享受便利和优惠权，残疾人、老年人、未成年人等旅游者在旅游活动中依照法律法规和有关规定享受便利和优惠，获得特殊的照顾和保护；(6)安全保障权和合同转让权，即在旅游行程开始前，旅游者可以将旅游合同中的权利义务转让给第三人，旅行社没有正当理由的不得拒绝，因此增加的费用由旅游者和第三人承担。

除以上权利之外，旅游者还享有受尊重权、个人信息保护权、损害求偿权、投诉权等诸多权利。

问 旅游者在享受权利的同时，负有哪些义务？

答 任何公民享有宪法和法律规定的权利的同时必须履行宪法和法律规定的义务。《旅游法》第二章规定了旅游者的基本义务：文明旅游义务、不损害他人合法权益的义务、个人健康信息告知义务、安全配合义务。出入境旅游者还负有遵守出入境管理的义务：出境旅游者不得在境外非法滞留，入境旅游者不得在境内非法滞留；随团出、入境的旅游者不得擅自分团、脱团。

问 如果没有办法带着宠物一起出游，宠物寄养会有什么法律风险吗？

答 宠物寄养是近年来众多宠物医院、宠物美容店兴起的一种宠物托管服务，关于宠物寄养的法律风险，主要分为以下两个方面：

一是宠物寄养商家的法律责任，分为行政责任和民事责任。行政责任是指宠物寄养商家的经营范围是否包含宠物寄养的内容，分为犬类和非犬类项目，具体要以市场监管部门和动物卫生监管部门的审批为准，宠物寄养商家不得无权或越权经营。民事责任是指，根据《民法典》的规定，宠物主和宠物托管方之间形成了民事合同关系，宠物寄养商家为提供寄养服务的一方，应当尽到谨慎照料并妥善保管宠物的义务。

二是关于寄养宠物伤人的法律风险。根据《民法典》第1245条的规定："饲养的动物造成他人损害的，动物饲养人或者管理人应当承担侵权责任；但能够证明损害是因被侵权人故意或者重大过失造成的，可以不承担或者减轻责任。"第1247条规定："禁止饲养的烈性犬等危险动物造成他人损害的，动物饲养人或者管理人应当承担侵权责任。"比如，某市养犬管理规定禁止饲养藏獒，宠物主作为饲养人违反该规定饲养了一只藏獒。如果发生藏獒咬伤他人的情况，无论过错，饲养人都应当承担赔偿责任。若饲养人将藏獒交给宠物店寄养期间咬伤他人的，宠物店也需要承担同等的侵权责任。

典型案例分析

以案说法为纠纷处理提供具体的参考

案件名称：汪某、张家界海外国际旅行社有限公司等旅游合同纠纷民事一审民事判决书

案号：(2022)湘0802民初521号

审理法院：湖南省张家界市永定区人民法院

案例来源：中国裁判文书网

基本案情 2022年1月，汪某与旅行社签订一份《旅游合同》，约定：汪某报名参加旅行社组织的“某森林公园二日游”项目，合同就主要景点、游玩时间、双方权利义务、违约责任等进行了详细约定。2022年2月，汪某跟团游玩了多个景点，但其中的十里画廊景点因实施基础设施升级被封闭施工暂停游览，导游未带其游玩，也未告知其相关情况。行程结束后，汪某认为旅行社未提供旅游行程表、擅自减少旅游景点等行为违反合同约定及法律规定，要求旅行社退还旅游费用并赔偿损失。双方多次协商无果，汪某遂向法院提起诉讼。

法院观点 汪某与旅行社签订的《旅游合同》系双方当事人真实意思表示，内容不违反法律法规的规定，合法有效，双方均应按照合同约定履行各自的义务。根据案涉合同约定，旅行社应在出发前向旅游者提供旅游行程表，旅游行程表内容与合同约定内容和标准不符的，旅游者有权解除合同，旅行社应退还旅游费用并承担10%的违约金。旅行社未经旅游者同意擅自减少或增加旅游景点和旅游时间，应向旅游者赔偿30%的违约金。

裁判结果 被告旅行社公司向原告汪某退还部分旅游费用，并支付违约金。

律师分析 本案中，旅行社明知十里画廊景点暂停游览却未在签订合同时向汪某说明真实情况，仍将十里画廊作为游览景点之一。在提供旅游服务过程中亦未与汪某协商一致，擅自减少该景点，旅行社也未在行程出发前向汪某提供旅游行程表。汪某在旅游过程中发现行程安排与合同约定不符时，有向旅行社主张解除合同、要求退还剩余旅游费用的权利。案件发生时，案涉《旅游合同》已履行完毕，汪某行使解除权期限届满，该权利消灭。旅行社虽存在违约行为，但汪某跟团参加了旅游行程，且接受了旅行社提供的旅游服务，相关费用已实际产生，如要求旅行社退还全部旅游费用显失公平，有违公平原则。

本案汪某能够顺利维权，得益于签订了《旅游合同》并且合同条款规定得清晰具体。旅游合同在整个旅行过程中贯穿始终，是规范旅行社行为、保护旅游者合法权益的重要手段之一，能够有效减少旅游纠纷的发生。即便发生意外或者纠纷，旅游合同也是有关部门受理投诉维权、司法机关审理案件的重要依据，对旅行社、旅游者双方均有较强的约束和保护作用。因此，参加旅游活动时，旅游者要认真仔细地签订好旅游合同，以保障自身合法权益。

026

别让旅途变“囧途”——国庆出游谨防旅行社虚假宣传骗局

FM99.6 厦门综合广播《新闻招手停》第163期

主持人:海蕾

主讲人:柳冰玲律师①、胡景律师②

---

① 柳冰玲律师,福建旭丰律师事务所律师,福建省优秀党员律师,厦门市优秀青年律师,入选福建省涉外律师人才库,入选福建省青年律师领军人才库,福建省法学会“一带一路”法治研究会理事,福建省律师协会政府法律顾问专委会委员,厦门市律师协会政府法律顾问专委会副主任,旭丰律所行政与政府法律顾问业务部主任,厦门大学法学院兼职讲师。

② 胡景律师,福建旭丰律师事务所律师,厦门大学法律硕士第二届厦门市青年律师辩论赛团体季军、优秀辩手第五届“旭丰杯”暨“鹭律红帆”党建联建体模拟法庭大赛最佳代理人,主要从事民商事领域的法律事务,包括合同、建设工程、侵权等在内的诉讼及非诉法律业务。

热点问题发现

探寻社会中关注度高的热点问题

1. 什么是虚假宣传?
2. 虚假宣传是否构成欺诈?
3. 服务质量不达标构成虚假宣传/欺诈吗?
4. 遭遇虚假宣传应当如何维权?

常见问题解答

一问一答为常见法律问题提供指南

问 **什么是虚假宣传?**

答 虚假宣传一般是指在宣传旅游产品或服务时,旅行社利用广告对旅游产品或服务等作出与实际不相符的虚假描述,导致客户产生误解的行为。这种虚假宣传与适当的夸大、夸张宣传,最主要的区别在于提供信息具有虚假性。

法律上对虚假宣传的违法违规行为进行了严格的规定。根据《反不正当竞争法》第 8 条规定,"经营者不得对其商品的性能、功能、质量、销售状况、用户评价、曾获荣誉等作虚假或者引人误解的商业宣传,欺骗、误导消费者。经营者不得通过组织虚假交易等方式,帮助其他经营者进行虚假或者引人误解的商业宣传"。电商时代的"虚假交易"行为较为普遍，如旅行社通过刷单方式提高网店交易数据，给消费者营造出成交量高、信誉度高的错觉，这样的行为可能被认定为虚假宣传。

问 近年来常见的虚假宣传骗局？

答 为博取流量，有部分旅行社作出如“纯玩、全程无购物、景点齐全”等承诺，给旅游者造成极高的心理期望，但在旅程中通过增加另行付费项目获利，严重干扰市场秩序。

北京市文化综合执法总队曾通报过一起典型案例。游客晏某举报称，其通过网络报名参加由北京某旅行社组织的5天4晚来京游。该旅行社在行程前告知的“品味京城5天4晚游”产品显示，行程中含有“故宫博物院”，但在实际行程中并未游览，故游客晏某举报该社虚假宣传。经查实，该旅行社在向游客宣传时称其具备“专业票务团队100多人”等，且在行程开始后仍告知游客已预约故宫门票，而实际并未预约，构成了虚假宣传、误导旅游者的违法事实。依据《旅游法》第97条第1项的规定，对该旅行社处没收违法所得3800元、罚款30,000元的行政处罚。

问 在网络购物中，如何规避风险、自我维权？

答 建议游客通过合法合规的在线旅游平台预订旅游产品，购买时可在全国旅游监管服务平台查询旅行社名称和资质，并核对相关名称与付款发票上的信息是否一致。不轻信来历不明网页上的宣传，不轻易向个人转账支付定金等款项，避免维权困难。假设遇到需要维权的情形，首要任务是保留好证据，直接向当地的旅游主管部门或者有关部门投诉举报。

问 如何判断虚假宣传行为是否构成欺诈？

答《最高人民法院关于贯彻执行〈中华人民共和国民法通则〉若干问题的意见》第68条规定，“欺诈系行为人故意告知对方虚假情况，或者故意隐瞒真实情况，诱使对方当事人作出错误意思表示的行为”。根据该条规定，欺诈应具备以下四个要件：一是行为人主观上有欺诈的故意；二是行为人告知对方虚假情况，或隐瞒真实情况；三是对方当事人因此陷入错误认识；四是对方当事人基于错误认识而作出意思表示。重庆市高级人民法院《关于审理消费者权益保护纠纷案件若干问题的解答》第7条指出虚假或引人误解的宣传并不当然构成欺诈行为。虚假或引人误解的宣传足以影响商品或服务的安全且对消费者造成误导的，人民法院可以认定经营者的行为构成欺诈行为。总体来说，判定虚假宣传构成欺诈必须从虚假宣传、足以影响商品或服务的安全、对消费者造成误导这三个方面综合考量，防止交易方利用法律漏洞获取不正当利益。

问 服务质量与宣传不符或者与合同约定不符的，如何追责？

答 根据《消费者权益保护法》第45条的规定，消费者因经营者利用虚假广告或者其他虚假宣传方式提供商品或者服务，其合法权益受到损害的，可以向经营者要求赔偿。另外，也可向当地的行政管理部门进行举报。若查证属实，有关行政管理部门有权根据《消费者权益保护法》第56条的规定，对于旅行社涉嫌虚假宣传的行为责令改正，且可根据情节单处或者并处警告、没收违法所得、处以罚款，对于情节严重的，可责令停业整顿、吊销营业执照。

此外，根据《旅游法》第71条规定，由于地接社、履行辅助人的原因导致违约的，由组团社承担责任；组团社承担责任后可以向地接社、履行辅助人追偿。由于地接社、履行辅助人的原因造成旅游者人身损害、财产损失的，旅游者可以要求地接社、履行辅助人承担赔偿责任，也可以要求组团社承担赔偿责任；组团社承担责任后可以向地接社、履行辅助人追偿。同时，《旅行社服务质量赔偿标准》第8条规定，旅行社安排的旅游活动及服务档次与合同不符，造成旅游者经济损失的，旅行社应退还旅游者合同金额与实际花费的差额，并支付同额违约金。因此，旅行社在确实出现因自身原因导致服务质量不达标的情况下，应当向客人进行赔付，赔付后可向对应供应商追责。

问 商家、旅行社发布的广告，照片美观、价格实惠。而实际上其服务和宣传相差很大，其行为是否属于虚假宣传，能否主张退一赔三？

答 旅游经营者提供服务时有欺诈行为，旅游者可依据《消费者权益保护法》第55条第1款请求旅游经营者承担惩罚性赔偿责任。但消费者在举证旅行社构成虚假宣传上存在一定难度，且“退”和“赔”是双向的，已经享受的服务难以返还。因此，通常法院认为旅行社在宣传时只有些夸张,不足以对游客决定是否购买对应旅游行程产生决定性影响,不构成虚假宣传,仅支持部分诉讼请求或酌定旅行社退还游客部分费用。

问 遇上旅行社强制消费,如何维权?

答 根据《消费者权益保护法》第9条的规定,消费者有按照自己的意愿自主选择购买商品及接受服务的权利,任何人不得横加干涉。具体来说,消费者有权选择去哪家商铺、购买哪种商品、接受哪种服务,并进行比较、鉴别和挑选。如果旅行社强行要求旅客购买纪念品,即干涉了旅客作为消费者的自主选择权,旅客有权拒绝支付旅行社要求购买纪念品的费用;若已支付费用,有权要求旅行社返还。

典型案例分析

以案说法为纠纷处理提供具体的参考

案件名称:孟某与云南某某国际旅行社(集团)有限公司旅游合同纠纷案

案例来源:中国裁判文书网

基本案情 基本案情:原告孟某在抖音直播平台购买云南双人畅玩套餐,实际付款1980元。对方明确告知,该旅游套餐包含全程五星级酒店,购物点4个,擦边点2个,购物点和擦边点停留时间不超过2小时。

孟某到达昆明后，与被告某某旅行社签订合同，并交纳了古城维护费80元/人、意外险100元/人。旅行社提供旅游服务过程中，存在以下与承诺不符的情况：意外保险的实际金额为4.52元/人，全程酒店未达到五星级标准，购物点和擦边点实际有十多个且停留时间超过2.5小时，合同团费标价6000元但实际仅1980元，旅行社提供的营业执照与签订合同的主体不一致，且旅行社不提供发票。

法院观点　旅行社在与孟某签订合同前利用其他旅行社的营业执照、经营许可证来隐瞒自身经营信息，并以不合理的低价诱骗孟某，孟某基于错误的认识与旅行社签订旅游合同。合同签订后，旅行社通过增加购物点和降低住宿标准等方式，获取不正当利益。据此，旅行社的行为违反了自愿原则和诚信原则，影响了游客的旅游身心体验，行为构成消费欺诈。

裁判结果　判决被告云南某某国际旅行社（集团）有限公司向原告孟某赔偿相当于旅游费用3倍的损失7020元。

律师分析　根据《最高人民法院关于审理旅游纠纷案件适用法律若干问题的规定》第15条规定，旅游经营者违反合同约定，有擅自改变旅游行程、遗漏旅游景点、减少旅游服务项目、降低旅游服务标准等行为，旅游者请求旅游经营者赔偿未完成约定旅游服务项目等合理费用的，人民法院应予支持。同时，《消费者权益保护法》第55条第1款规定，经营者提供商品或者服务有欺诈行为的,应当按照消费者的要求增加赔偿其受到的损失,增加赔偿的金额为消费者购买商品的价款或者接受服务的费用的三倍。本案中,旅行社在宣传和实际履行合同过程中存在多处与承诺不符的情况,一系列行为均构成欺诈,法院关于旅游费用的赔偿符合法律规定。

不少旅行社都收到过游客关于虚假宣传或欺诈的投诉,其中不乏要求退一赔三。但是,并非所有的虚假宣传都必然导致欺诈,将虚假宣传等同于欺诈的做法降低了欺诈的认定标准,不符合构成欺诈的要件要求。因此,消费者在主张因旅行社虚假宣传构成欺诈时,需要符合欺诈的相关构成要件,并判断其陷入错误认识而作出意思表示的原因是否来自虚假宣传的误导。

消费者在选择旅游产品时要谨慎核实旅行社的资质和信息,签订合同时要仔细阅读条款,明确双方权利义务以维护自身合法权益。作为旅行社,也要关注自身产品宣传和行程表述的准确性,切勿为了博取一时噱头而得不偿失。

027

频遇教育机构健身房“跑路”，如何守护钱包！

FM99.6 厦门综合广播《新闻招手停》第 166 期

主持人：海蕾

主讲人：赵婷婷律师①、何逸铭律师②

---

① 赵婷婷律师，福州大学法学和管理学双学士，多年执业经验，现为福建旭丰（自贸区厦门片区）律师事务所执业律师。主要在企业合规及法律风险防范、合同业务、婚姻家庭、侵权纠纷、行政争议等领域，提供诉讼及非诉讼法律服务。

② 何逸铭律师，毕业于复旦大学法学院，现为福建旭丰（自贸区厦门片区）律师事务所律师，在涉外法律、民商事争议解决、常年法律顾问业务方面积累了实务经验。现正为厦门多家国企、金融机构提供法律服务。

热点问题发现

探寻社会中关注度高的热点问题

1. 预付式消费在法律上属于什么性质和有什么风险?
2. 格式条款是否有效?
3. 经营者无法继续提供服务的,消费者应如何维权?
4. 如何避免该类风险?

常见问题解答

一问一答为常见法律问题提供指南

问 预付式消费在法律上属于什么性质?

答 预付式消费,是指由消费者与经营者约定,消费者预先支付款项,从而有权取得商品或接受服务的一种消费模式。实际上是作为平等民事主体的消费者与经营者之间建立的一种合同关系,受《民法典》和《消费者权益保护法》的约束和保护。

问 预付式消费可能面临什么风险?

答 预付式消费模式需要消费者预先支付款项,且一般付款金额比较大,且消费行为被长期绑定至某一机构,消费者承担了较高的合同履行风险。比如，因经营机构控制人变动或经营不善倒闭导致预付额度未消费完毕，但因缺少书面合同或其他相关证据导致合同关系难以认定、实际履行情况难以确定，或因经营者制定的预付充值格式条款造成消费者权利受到损害、消费者解除合同的权利受到限制等。

问 经营者制定的格式条款是否有效？

答《民法典》第 496 条第 2 款规定："采用格式条款订立合同的，提供格式条款的一方应当遵循公平原则确定当事人之间的权利和义务，并采取合理的方式提示对方注意免除或者减轻其责任等与对方有重大利害关系的条款，按照对方的要求，对该条款予以说明。提供格式条款的一方未履行提示或者说明义务，致使对方没有注意或者理解与其有重大利害关系的条款的，对方可以主张该条款不成为合同的内容。"因此，作为提供格式条款的经营者，在订立合同条款时应遵循公平原则，对与消费者有重大利害关系的条款采取合理方式进行提示和说明。如果经营者已就格式条款尽到充分提示义务，且内容具有合理性，应属于有效条款；若条款内容不合理且未经提示，导致消费者在并不完全理解的情况下签署，相应条款一般不对消费者生效。

问 经营者对其制定的明显不合理的条款尽到提示义务后，是否就一定有效？

答《民法典》第 497 条规定，提供格式条款一方不合理地免除或者减轻其责任、加重对方责任、限制或排除对方主要权利的，该格式条款无效。《消费者权益保护法》第26条第2、3款规定："经营者不得以格式条款、通知、声明、店堂告示等方式，作出排除或者限制消费者权利、减轻或者免除经营者责任、加重消费者责任等对消费者不公平、不合理的规定，不得利用格式条款并借助技术手段强制交易。格式条款、通知、声明、店堂告示等含有前款所列内容的，其内容无效。"因此，即使格式条款经过特别提示和告知，也不意味着相关条款必然对消费者有效，而是仍需审查其合法性和公平性。对于明显限制消费者权利、免除经营者责任的条款，可能因违反法律所规定的公平原则以及消费者权益保护的相关规定而被认定为无效。

问 如果经营者未按约定提供服务的，消费者可以要求退还费用及赔偿损失吗？

答《民法典》第577条规定："当事人一方不履行合同义务或者履行合同义务不符合约定的，应当承担继续履行、采取补救措施或者赔偿损失等违约责任。"第578条规定："当事人一方明确表示或者以自己的行为表明不履行合同义务的，对方可以在履行期限届满前请求其承担违约责任。"《消费者权益保护法》第53条规定："经营者以预收款方式提供商品或者服务的，应当按照约定提供。未按照约定提供的，应当按照消费者的要求履行约定或者退回预付款；并应当承担预付款的利息、消费者必须支付的合理费用。"因此，经营者未按约定提供服务的，或者其以实际行为表明不履行合同义务，消费者可以要求经营者提供替代服务以继续履行合同约定，消费者也有权解除合同及要求退还预付款，且可以主张经营者承担尚未消费的预付款利息以及消费者维权所必需支付的合理费用。

问 消费者维权的途径有哪些？

答 根据《消费者权益保护法》第 39 条的规定，消费者和经营者发生消费者权益争议的，可以通过下列途径解决：（1）与经营者协商和解；（2）请求消费者协会或者依法成立的其他调解组织调解；（3）向有关行政部门投诉；（4）根据与经营者达成的仲裁协议提请仲裁机构仲裁；（5）向人民法院提起诉讼。因此，消费者可以先联系经营者协商处理；若协商不成或经营者不同意退款，消费者可以拨打消费者权益保护热线或者向相关行政部门投诉，也可以直接通过诉讼或者仲裁方式寻求解决。消费者应当注意收集并妥善保存相关证据，如合同、协议、票据，以及记录经营者未按约定提供服务及协商过程的照片、视频、录音录像等。

问 消费者应当如何避免预付式消费的风险？

答 首先，选择正规的经营机构，要优先选择证照齐全、信誉良好和长时间稳定经营的机构，了解并查询经营者的注册信息、经营状况等，在签署合同时注意合同主体是否与实际履约的机构相符；其次，理性消费，不要因为经营者单方面的宣传和价格优惠而冲动消费，应进行充分考量后再做出消费决定，尽量避免预存或充值大额费用；再次，注意审查合同条款，特别是关于有效期限、退款条件、转让和终止服务等方面内容的约定，确保自己的合法权益能够得到保障，对没有合同约定或者约定过于简单的内容，可以要求签订详细、明确的书面合同，对于约定不清或不公平、不合理的条款，要坚决拒绝；最后，在合同履行的过程中，要定期关注经营者动态和舆情信息，以便及时发现异常情况，采取措施进行维权。

典型案例分析

以案说法为纠纷处理提供具体的参考

案件名称：陈某与某健身公司服务合同纠纷

案号：(2023)沪0116民初9356号

审理法院：上海市金山区人民法院

案例来源：中国裁判文书网/

司法服务保障促进消费典型案例

基本案情 陈某和某健身公司签订《私教协议》，约定由该健身公司的王教练为陈某提供私教服务，如果原定的私人教练因故无法继续完成课程，某健身公司将保留更换私人教练的权利，确保高质量完成其余课程；协议一旦签署，视为陈某认可本协议所有条款，相应的训练费用不予退还。合同签订不久后，陈某被通知王教练团队全部离职，由新的团队接手并安排相关训练。更换教练之后，陈某发现新教练团队提供的私教服务与之前教练团队相差很大，存在不专业、约课困难、无训练计划、频繁更换教练等问题，故要求退课退款，遭到某健身公司拒绝，双方发生纠纷。陈某遂诉至人民法院，要求解除与某健身公司的《私教协议》并退还未履行的私教课程预付款。

法院观点 双方签订的《私教协议》虽保留了某健身公司更换私人教练的权利，但不是随意更换。根据权利义务平等的原则，在某健身公司作出更换原私人教练的决定后，如果达不到合同约定的服务标准，陈某对是否继续履行合同应当具有选择权。本案更换后的私人教练不符合要求，陈某有权选择不再继续完成其余课程。

裁判结果 解除陈某与某健身公司签订的《私教协议》，由某健身公司返还陈某服务费 12,000 元。

律师分析 在教育培训机构、健身房等消费场所，商家为了锁定固定的消费人群，尽快收回前期投入的资金，都会推广预付式的消费方式。预付式消费一般由消费者一次性付款且金额较高，经营者分次履行且合同履行期限较长，此时，消费者承担了较高的合同履行风险。随着这种消费方式的日益普及，"套路"也越来越多，近年来与预付式消费相关的纠纷频繁发生。

在本案例中,消费者出于对原教练的信任才与健身服务提供者续签了合同,但原教练团队在合同签订的次日即告知消费者将退出健身房,并由新团队安排相关训练。本案的争议焦点在于私人教练更换后,消费者是否有理由要求经营者退课退款。具体分析如下:

第一,消费者与经营者签订的两份协议,均明确消费者的私人教练为王某。协议同时约定,如果原定的私人教练因为休假、变更或被开除等各种因素无法继续完成课程时,经营者将保留更换私人教练的权利。该约定虽然保留了经营者更换私人教练的权利,但应当向消费者说明原私人教练无法继续完成课程的正当理由,而不是随意进行更换。消费者出于对原教练的信任才续签了协议,但在消费者续签协议时,经营者完全未向消费者提及教练团队即将离职的事宜,而是在协议签订的次日才告知消费者,明显有违公平、诚信的原则。

第二,案涉协议约定,在更换教练的情况下,经营者将会推荐多名相同级别的教练供消费者自由选择,确保高质量地完成其余的课程。但是在实际履行合同的过程中,经营者在更换教练团队之后所提供的私教服务与之前差距较大,存在缺乏专业性、预约课程困难、频繁更换教练等问题。根据权利义务平等的原则,在经营者作出更换原私人教练的决定后,消费者应当也具有选择权,更换后的私人教练不符合要求的,消费者有权选择不再继续完成剩余的课程。

第三，虽然双方在协议中约定了“此协议一旦签署，相应的训练费用将不会给予退还”，但该条款明显属于《民法典》第 497 条所规定的“提供格式条款一方不合理地免除或者减轻其责任、加重对方责任、限制或排除对方主要权利”的情形，有违法律的公平原则及消费者权益保护法的相关规定。应当保留消费者在合同履行内容发生重大变更、无法实现合同目的时解除合同的权利。

028

谈谈"直播打赏案件的司法裁判探讨"

FM99.6 厦门综合广播《新闻招手停》第150期

主持人:海蕾

主讲人:沈玉洪律师[1]、卢泽潇律师[2]

---

① 沈玉洪律师,福建旭丰律师事务所民事部副主任;厦门律协第九届刑事诉讼专业委员会委员;厦门律协第九届理事会公益法律服务工作委员会委员;厦门市优秀公益律师;2020年、2021年福建旭丰律师事务所履行社会责任先进律师;2021年、2022年福建旭丰律师事务所优秀律师。专注领域为刑事辩护、商品房买卖合同纠纷、公司类合同纠纷、婚姻家事类纠纷与侵权纠纷解决、劳动争议、企事业单位法律风险防控与非诉法律服务。

② 卢泽潇律师,从事民商事法律工作十余年,曾办结的民商事案件1600余件,具有丰富的办案经验。专注领域为重大疑难民商事诉讼及非诉法律服务,含建设工程、房地产及公司相关法律服务。

热点问题发现

探寻社会中关注度高的热点问题

1. 夫妻一方基于婚外情感交往给主播打赏，另一方能否要回？

2. 未成年人打赏主播，法定代理人主张民事法律行为无效请求平台返还的，应否支持？

3. 用户在网络平台充值、打赏行为的法律性质是赠与还是网络消费？

4. 认定网络打赏构成诈骗犯罪需要符合哪些条件？

常见问题解答

一问一答为常见法律问题提供指南

问 **夫妻一方基于婚外情感交往给主播打赏，另一方能否要回？**

答 能否要回需区分是否属于有确凿证据，证据可证明系基于婚外情感的非正常消费打赏。具体而言，要从打赏次数、打赏频率、打赏金额、打赏主播对象以及打赏持续时间等方面，综合判断是否超出一般日常生活消费范畴。

问 **直播打赏文娱主播案件提起诉讼的主体有哪些？**

答 直播打赏案件提起诉讼的主体主要分为三类：(1)打赏的成年用户

本人对主播、平台运营公司提起诉讼，要求返还打赏款项；(2)打赏的成年用户的配偶在发现后，对主播、平台运营公司一并提起诉讼；(3)打赏的未成年人用户的法定监护人对平台及主播提起诉讼。

问 涉及直播打赏起诉的案由有哪些？

答 直播打赏起诉的案由主要集中在网络服务合同纠纷、赠与合同纠纷、不当得利纠纷这三种。其中，以网络服务合同纠纷与赠与合同纠纷案由提起诉讼的情况较为常见。

问 夫妻中的一方基于婚外情交往而给主播打赏，另一方发现后，起诉主播及平台要求返还夫妻财产，法院是否会支持呢？平台是否需要承担责任？

答 若用户与主播之间存在婚外情，基于婚外情在平台上打赏主播，此行为本身有悖公序良俗。若有充分证据证明双方存在不正当关系，法院通常会判决相关合同无效，由主播进行返还。而平台只要履行了合理的注意提醒义务，一般很少会被判决承担责任。

问 夫妻一方出于消费性的打赏主播持续时间长，配偶发现后认为擅自处分夫妻共同财产，要求平台和主播返还的，法院会支持吗？

答 是否属于正常消费性打赏，需依据打赏次数、累计数额、频次、时间以及是否超出家庭日常消费等证据来判断。若打赏行为处于正常生活消费范围内，另一方在婚内主张该消费行为无效并请求返还，较难获得法院支持。

问 对夫妻一方直播打赏款项的处理,有无明确的新司法解释和导向?哪些情况下平台要承担返还责任?

答 关于夫妻一方直播打赏款项的处理,自2025年2月1日起施行的《最高人民法院关于适用〈中华人民共和国民法典〉婚姻家庭编的解释(二)》中,第6条规定:夫妻一方未经另一方同意,在网络直播平台用夫妻共同财产打赏,数额明显超出其家庭一般消费水平,严重损害夫妻共同财产利益的,可认定为民法典第一千零六十六条和第一千零九十二条规定的"挥霍"。另一方请求在婚姻关系存续期间分割夫妻共同财产,或者在离婚分割夫妻共同财产时请求对打赏一方少分或者不分的,人民法院应予支持。

原在《最高人民法院关于适用〈中华人民共和国民法典〉婚姻家庭编的解释(二)》征求意见稿第5条第3款明确规定,在夫妻一方实施直播打赏行为的情形下,网络直播平台须返还打赏款项的条件是:有证据证明直播内容含有淫秽、色情等低俗信息引诱用户打赏时,平台才承担返还责任。目前,该解释尚未对基于婚外情打赏的定性及平台是否应承担责任进行明确规定,若有新规定出台,将有利于统一裁判尺度。

问 未成年人打赏主播,法定代理人主张民事法律行为无效请求平台返还的,是否会支持?

答 对于未成年人直播打赏,在《最高人民法院关于适用〈中华人民共和国民法典〉婚姻家庭编的解释(二)》征求意见稿第5条第1、第2款中规定,8周岁以下的未成年人通过网络直播平台实施打赏行为,其法定代理人主张该民事法律行为无效,请求返还已打赏款项的,人民法院应依法予以支持;8周岁以上不满16周岁或者16周岁以上不能以自己的劳动收入为主要生活来源的未成年人,未经法定代理人同意,通过网络直播平台实施与其年龄、智力和精神健康状况不相适应的打赏行为,法定代理人不予追认并主张该民事法律行为无效,请求网络直播平台返还已打赏款项的,人民法院应依法予以支持。对于16周岁以上未满18周岁不能以自己劳动收入为主要生活来源的未成年人进行打赏的案件,未经父母亲同意和追认,主张返还的,法院应当依法予以支持;而对于年满16周岁以上,未满18周岁,能以自己劳动收入为主要生活来源的这类未成年人,法院会慎重区别对待,不一定都会支持。因为年满16周岁以上,未满18周岁,能以自己劳动收入为主要生活来源并以此进行打赏的这类未成年人视为完全民事行为能力人,即成年人,即使父母没有同意或追认,也视为打赏行为有效。

问 用户在网络平台充值、打赏行为的法律性质是赠与还是网络消费?

答 关于用户直播打赏行为的法律性质,目前存在不同观点。一种观点认为，用户的打赏行为是赠与行为。另一种观点则认为，用户的打赏行为系网络服务合同项下的消费行为。用户与主播间的网络服务合同并非没有对价，而是没有固定对价，属于主观对价，主播提供了情绪价值，用户对此自愿打赏，在直播平台获得精神利益，因此对直播的打赏行为属于双务、有偿的服务合同项下的消费行为，司法实践中持这种观点进行裁判的情况较多。但我们认为，若出现主播与用户之间存在不正当关系或其他违反公序良俗原则情形的打赏，应界定为赠与合同关系更为适宜。

问 认定网络打赏构成诈骗犯罪需要符合哪些条件？

答 诈骗罪是指以非法占有为目的，使用欺骗方法，骗取数额较大的公私财物的行为。认定网络打赏构成诈骗犯罪，需符合犯罪的构成要件，做到主客观一致，才能认定构成诈骗罪。具体要满足以下四个犯罪构成要件：一是客体要件，诈骗罪侵犯的客体是公私财物所有权；二是客观要件，客观上表现为使用欺诈方法骗取数额较大的公私财物；三是主体要件，本罪主体是一般主体，凡达到法定刑事责任年龄、具有刑事责任能力的自然人均能构成本罪；四是主观要件，在主观方面表现为直接故意，并且具有非法占有公私财物的目的。欺骗受害人直播打赏只是诈骗行为的手段和方法，此外，要将诈骗与欺诈分开，前者的欺骗行为必须达到足以使对方产生错误认识并处分数额较大公私财物的程度，否则，难以认定为诈骗。通俗来讲，在诈骗犯罪中，犯罪分子一开始就觊觎被害人的钱财,目的就是非法占有被害人的财物。在这个过程中,犯罪分子使用欺骗手段,如确立虚假恋爱关系,虚构"输了人气 PK 赛会受惩罚"的事由,捏造家庭生活困难的情况等,导致受害人陷入认识错误并处分了自己较大数额的财产。

典型案例分析

以案说法为纠纷处理提供具体的参考

案件名称:江某某诉北京字节跳动科技有限公司、钟某某赠与合同纠纷案

案号:(2020)皖 02 民终 2598 号

审理法院:芜湖市中级人民法院

案例来源:Alpha 优案评析

基本案情 原告江某某诉称,其与钟某某系夫妻,一直从事水上运输工作,收入由丈夫保管。钟某某在被告注册账号偷看小视频、观看女主播直播并通过编辑虚假存款信息方式欺瞒妻子长期打赏女主播,累计打赏 294,156 元。上述打赏款均流入被告账户,钟某某擅自赠与该夫妻共同财产无效,请求确认赠与无效并返还 294,156 元。

一审法院判决:(1)钟某某与字节跳动公司之间赠与 88,246.8 元的

行为无效。(2)字节跳动公司于本判决生效后十五日内返还江珍惠88,246.8元。(3)驳回江某某的其他诉讼请求。

宣判后,字节跳动公司提起上诉。

二审法院判决:安徽省芜湖市中级人民法院于2020年12月2日作出(2020)皖02民终2598号民事判决:(1)撤销安徽省无为市人民法院(2020)皖0225民初1671号民事判决。(2)驳回江珍惠的诉讼请求。

二审法院认为:钟某某与字节跳动公司签订《用户服务协议》《充值协议》系双方真实意思表示,且不违反法律法规禁止性规定,双方成立网络服务合同关系,不成立赠与合同关系。钟某某处分夫妻共同财产不属于《合同法》第51条适用范围。钟某某观看网络直播及充值打赏未超出居民常见消费支出范围,每次充值消费行为均具有独立性,以累计金额评价是否构成擅自处分于法无据。基于钟某某、江某某长期从事水上运输工作相对封闭性特点及钟某某充值行为小额、多次、长期的特征,江某某不知情不合常理,也无证据证实案涉款项的处分足以影响其夫妻基本生活,结合钟某某、江某某所述家庭收入,难以认定钟某某充值行为显著超过日常家事范围且侵害夫妻共同财产处分权。

字节跳动公司对其注册用户处分充值资金的权利状态有善意提醒。对于钟某某此种充值行为,无法推定字节跳动公司对此处分是知情或恶意。在双方网络服务合同内容已履行完毕后,要求返还充值款项有违公平原则。江某某未提供证据证明字节跳动公司案涉经营存在违背公序良俗及无效的事由，应承担举证不能的法律后果。钟某某欺骗江某某处分共有财产属夫妻内部纠纷，不得对抗善意第三人合法权益。综上所述，二审法院对江某某主张字节跳动公司返还案涉充值款项不予支持。

律师分析 在本案中，作为一起由打赏主播行为引发的赠与合同纠纷案件，法院未支持相关诉求，其核心原因在于：钟某某观看网络直播并进行充值打赏的行为，未超出普通居民常见的消费支出范畴，不属于高频次、巨额打赏的情形。同时，钟某某与主播之间并非基于婚外情而存在对主播的唯一投送打赏的赠与合同关系。钟某某的充值和打赏行为，未显著超出日常家事代理的范围，因而不涉及侵害夫妻共同财产处分权的问题。

此外，钟某某与平台运营商之间系网络服务合同关系，充值打赏的对象为主播而非平台，双方不构成赠与合同关系。且本案中并无证据表明平台运营商的经营行为存在违背公序良俗或导致合同无效的事由，基于此，二审法院作出了改判。

若本案中存在证据证明用户与主播保持不正当关系并发展为婚外情，且钟某某是基于该婚外情向主播进行巨额打赏，而平台在未加干涉和限制的情况下，任由用户充值、打赏，在用户完成打赏后又与主播获取巨额分成，此时若从赠与合同纠纷角度起诉，要求主播及所在 MCN 公司、平台共同返还或按分成比例返还，那么判决结果有可能与本案存在差异。

Part Five

第五编 侵权

5

029

你必须知道的民法典侵权责任编司法解释

FM99.6 厦门综合广播《新闻招手停》第 167 期

主持人：海蕾

主讲人：方凡佳律师[①]、陈少军律师[②]

---

① 方凡佳律师，厦门大学法学院民商法学硕士；福建旭丰律师事务所高级合伙人、党总支委员、民事专业委员会主任；入选省市两级优秀青年律师人才库；厦门市中级人民法院调解员；厦门大学法学院兼职讲师；福建省律师协会首批专业评定律师；内地—香港联合调解中心国际专业调解员。

② 陈少军律师，福建旭丰律师事务所执业律师，高级企业合规师，政府、事业单位、国企、外企法律顾问，厦门市法律援助律师，厦门市校友经济促进会创会会员，莆田市侨联委员会委员、归侨侨眷代表。

热点问题发现

探寻社会中关注度高的热点问题

1.“拐卖儿童”的侵权责任
2.“熊孩子”侵权如何追责?
3. 校园内的校外人员侵权
4. 执行工作任务中的侵权
5. 再谈高空抛物

常见问题解答

一问一答为常见法律问题提供指南

问 “拐卖儿童”的侵权责任如何追责?

答 2024 年 9 月,《最高人民法院关于适用〈中华人民共和国民法典〉侵权责任编的解释(一)》[以下简称《侵权编司法解释(一)》]发布,将监护的权益纳入侵权责任调整的民事权益予以保护,使对拐卖、拐骗儿童行为的民事制裁,与刑事制裁构成制裁违法、救济权益的一体两翼,切实保障公民基本权益,维系家庭稳定。

《侵权编司法解释(一)》第 1 条规定了非法使被监护人脱离监护时监护人的财产损失请求权。按照民法填补损害的基本原则,无论非法使被监护人脱离监护的行为是否构成犯罪,监护人为寻亲花费的合理费用均应获赔偿。赔偿范围由法官根据自由裁量权确定,既增强财产损失范围的认定弹性,又避免了不当扩大损失范围。

《侵权编司法解释(一)》第 2 条规定了监护人的精神损害赔偿请求权。这一规定强调了家庭关系的重要性,从法律上承认了因拐卖儿童而产生的心理创伤,使被害者家庭在精神上能够得到更多的安慰,也是加大对拐卖行为制裁力度的体现。

问 "熊孩子"侵权如何追责?

答 《侵权编司法解释(一)》第 5 条规定,如果被监护人造成他人损害,监护人将承担全部的赔偿责任。如果赔偿费用可以从被监护人的财产中支付,不足部分则由监护人支付。同时,为保证被监护人健康成长,从被监护人的财产中支付赔偿费用的,应当保留被监护人所必需的生活费和完成义务教育所必需的费用。

《侵权编司法解释(一)》第 7 条参照了夫妻共同债务的立法精神,规定未成年子女侵权,由父母共同承担连带责任。

《侵权编司法解释(一)》第 8 条规定,夫妻离婚后,未成年子女造成他人损害,离异夫妻一方以其未和未成年子女共同生活为由,主张自己不承担责任或者少承担责任,人民法院不予支持。同时,夫妻离异时若对抚养子女进行了约定,离异夫妻对外承担责任后,对于实际承担责任超过自己责任份额的,可以根据双方对于监护职责的约定和实际履行情况等,向另一方追偿。

《侵权编司法解释(一)》第9条规定,未成年子女与继父母未形成抚养教育关系时,该继父或者继母不承担监护人的侵权责任,由该子女的生父母承担侵权责任。

《侵权编司法解释(一)》第10条明确了被监护人侵权,受托履行监护职责的人在过错范围内与承担全部责任的监护人共同承担责任,且受托人承担责任不限定于是否有偿受托。

问 校园内的校外人员侵权如何追责?

答《民法典》已经在第1201条规定了学生在校内遭受校外人员人身损害的责任承担。针对审判实践中反映出的实体与程序问题,《侵权编司法解释(一)》第14条做出规定:一是被侵权人可一并起诉实施侵权行为的第三人和教育机构,无须被侵权人先行起诉、强制执行第三人财产后再就赔偿不能部分起诉请求教育机构承担责任。二是如果诉讼时对于实施侵权行为的第三人能够确定,一般不单独列教育机构为被告,而是应当追加实施侵权行为的第三人为共同被告。三是诉讼时无法确定第三人的,可以要求未尽到管理职责的教育机构先行承担与其过错相应的责任。这样的规定有利于减轻当事人诉累,保障被侵权人及时获得救济。

问 执行工作任务中的侵权如何追责?

答《侵权编司法解释(一)》第17条明确,工作人员作为自然人犯罪不当然影响对用人单位民事责任的认定。工作人员的犯罪是在执行工作任务中实施的行为时,法院才能依照《民法典》第1191条的规定认定用人单位承担侵权责任;如果工作人员的犯罪行为不是在执行工作任务中实施的行为,则用人单位无须为工作人员的致害行为承担完全替代的赔偿责任。工作人员的犯罪行为虽不是在执行工作任务中实施,但用人单位对损害的发生有过错的,法院应根据用人单位的过错程度和原因力大小,依照《民法典》第1165条的规定认定用人单位的民事责任。刑事判决追缴、退赔被害人损失不妨碍民事判决对于赔偿范围的认定,但如果犯罪所得已在刑事案件中返还给了被害人,在刑事案件中已完成的追缴、退赔可以在民事判决书中明确并扣减,也可以在执行程序中予以扣减。

问 "高空抛物"如何担责?

答 《侵权编司法解释(一)》第24条界定和划分了具体侵权人和违反安全保障义务的物业服务企业等建筑物管理人间的民事责任。具体侵权人是第一责任主体,未采取必要安全保障措施的物业服务企业等建筑物管理人在人民法院就具体侵权人的财产依法强制执行后仍不能履行的范围内,承担与其过错相应的补充责任。

《侵权编司法解释(一)》第25条明确了可能加害的建筑物使用人与违反安全保障义务的物业服务企业等建筑物管理人之间的责任划分。第一,诉讼中无须等待具体侵权人查明。第二,未采取必要安全保障措施的物业服务企业等建筑物管理人应先于可能加害的建筑物使用人承担责任，承担责任的范围应与其过错程度相适应。第三，物业服务企业等建筑物管理人承担责任后，被侵权人仍有损害未得到填补的，被侵权人其余部分的损害，由可能加害的建筑物使用人给予适当补偿。第四，物业服务企业、可能加害的建筑物使用人承担责任后有权向具体侵权人追偿。第五，经公安等机关调查，在民事案件一审法庭辩论终结前仍难以确定具体侵权人的，人民法院可以依法审理相关案件并确定相关责任主体的民事责任。

典型案例分析

以案说法为纠纷处理提供具体的参考

案件名称：徐某某诉刘某某饲养动物损害责任纠纷案

案例来源：最高人民法院发布饲养动物损害责任典型案例

基本案情 刘某某饲养了一只阿拉斯加犬，属于该市建成区内禁止饲养的大型犬。7岁的徐某某跟随祖母王某某在小区内玩耍，偶遇刘某某牵引该犬出行。王某某和徐某某逗犬时，该犬突然抓伤徐某某面部，徐某某随即被家人送至医院就诊并住院治疗。之后,双方就赔偿事宜协商未果,徐某某提起诉讼,请求刘某某赔偿医疗费等各项费用3万余元。

法院观点 动物饲养人饲养动物,在享受乐趣的同时应承担较高的管理责任,严格遵守相关管理规定,以降低所养动物给他人健康和人身安全带来的危险,营造安全的居住环境,维护社会公共秩序。《民法典》规定,禁止饲养的烈性犬等危险动物造成他人损害的,动物饲养人或者管理人应当承担侵权责任。该条规定表明,禁止饲养的烈性犬等危险动物的饲养人或者管理人应当承担“最严格的无过错责任”,没有任何的免责事由可以援引,无权抗辩减少或者免除责任,承担着更重的法律责任。饲养人或者管理人违反规定饲养烈性犬等危险动物,本身就具有主观过错。本案中,刘某某饲养的阿拉斯加犬属于该市禁止饲养的大型犬,该犬将徐某某抓伤,虽然徐某某逗犬有过错,也不能减轻刘某某的责任。徐某某由此产生的合理费用,刘某某均应予赔偿。

裁判结果 刘某某赔偿徐某某损失30,197.65元。

律师分析 根据《侵权编司法解释(一)》第23条明确规定,对于危险动物致人损害的情形,不得适用免责事由,而应严格遵循“无过错责任”原则。这意味着,无论动物饲养者或管理者主观上是否存在过错,只要其所饲养的动物对他人的人身或财产造成了损害,动物主人就必须承担相应的赔偿责任。该规定旨在强化动物饲养人及管理人的责任意识，切实保障广大群众的生命与财产安全。

最高人民法院在“张某甲诉张某乙饲养动物损害责任纠纷案”中，进一步明确了饲养动物危险性的界定范围。饲养动物的危险性，不仅涵盖因身体直接接触而导致的伤害，还包括动物行为致使他人受到惊吓的情形。若被侵权人的受伤结果与侵权人饲养的动物致使被侵权人受到惊吓的行为之间存在因果关系，且动物饲养人未能尽到合理的管理义务，同时又无法证明被侵权人存在故意的，那么动物饲养人则应当承担全部赔偿责任。

030

网购模式下消费者权益保护

FM99.6 厦门综合广播《新闻招手停》第 168 期

主持人:海蕾

主讲人:王小冰律师[①]、林丽煌律师[②]

热点问题发现

探寻社会中关注度高的热点问题

1. 网购中个人信息的保护

2. 赠品免费但不免责

① 王小冰律师,福建旭丰律师事务所律师,福建省律师行业优秀党员律师,曾为多家国企、政府机关、中小型企业提供法律服务,执业领域为公司事务、常年法律顾问、金融借款等商事领域的法律服务。

② 林丽煌律师,福建旭丰律师事务所律师,毕业于厦门大学,厦门 12348 法律咨询中心值班律师,福建旭丰律师事务所民事业务部委员,专注领域为公司治理、劳动争议、婚姻家事等民商事领域的诉讼和非诉法律服务。

3. 直播带货的争议解决机制
4. 消费者正当维权与过度维权的界限

常见问题解答

一问一答为常见法律问题提供指南

问 个人信息具体包括哪些内容？有无明确的法律规定？

答 从法律层面来看，凡是能够单独或者与其他信息相结合从而识别自然人个人身份的信息，均属于受法律保护的个人信息范畴。《个人信息保护法》第4条明确规定："个人信息是以电子或者其他方式记录的与已识别或者可识别的自然人有关的各种信息，不包括匿名化处理后的信息。"此外，《民法典》第1034条也指出，"个人信息是以电子或者其他方式记录的能够单独或者与其他信息结合识别特定自然人的各种信息，包括自然人的姓名、出生日期、身份证件号码、生物识别信息、住址、电话号码、电子邮箱、健康信息、行踪信息等"。这两部重要法律从不同角度对个人信息进行了界定，为个人信息保护提供了坚实的法律依据。

问 在网购中常见的泄露个人信息的环节、方式及风险包括哪些？

答 在网购流程中，从注册成为网站用户开始，经历的购物、支付、快递等各个环节，均存在个人信息被泄露的潜在风险。例如，在注册网站时，消费者通常需要填写姓名、手机号、邮箱等个人信息；在物流环节，部分快递公司未对快递单上消费者的个人信息进行有效遮挡,手机号码、家庭地址等关键信息极易被他人获取。一旦商家将这些信息非法对外泄露,或者商家后台遭受黑客攻击,消费者的个人权益将面临被严重侵害的风险,其中遭受网络诈骗的风险尤为突出。网络诈骗不仅可能导致消费者财产损失,还可能对其个人隐私和生活造成长期的负面影响。

问 赠品免费但不免责具体指的是什么?

答 “赠品免费但不免责”这一概念的核心要义在于商家赠送的物品即便无需消费者支付费用,但在质量、安全等方面也必须符合国家或地方的相关法律法规标准,且商家不能免除自己对产品质量问题应承担的责任。《规范促销行为暂行规定》第 10 条明确规定,经营者在促销活动中提供的奖品或者赠品必须符合国家有关规定,严禁以侵权或者不合格产品、国家明令淘汰并停止销售的商品等作为奖品或者赠品。这一规定旨在保护消费者在促销活动中的合法权益,确保赠品的质量与安全性,避免商家利用赠品规避法律责任。

问 赠品存在“欺诈”时,赔偿金额的计算基准是正装价格还是仅赠品价值?

答 在附随赠品的消费场景中,大致可分为以下两种情形。

情形一:赠品与正装同时展示给消费者,且赠品在很大程度上影响了消费者的消费决策。多数消费者在购买正装前,会关注赠品甚至对其规格进行考量后才决定付款。此时,消费者对所购买产品的预期是“正装量+赠品量”。

情形二:消费者支付完正装价款后收到事先未预料到的赠品,该赠品并未影响消费者此次的消费决策,即购买正装时未预估到有该赠品,且赠品并非与正装绑定销售。

一般而言,情形一符合因受欺诈误导消费而遭受损失的特征,消费者应获得赔偿;情形二则不具备相应的对价损失。在计算赔偿金额时,情形二更容易被认定为单纯的赠与行为,若赠品存在瑕疵,按照赠品本身的价值予以补偿较为合理。然而,由于《消费者权益保护法》兼具公法的管理与引导属性,在个别案件中,情形二也可能因严格规制“欺诈”行为而适用惩罚性赔偿规则。

在(2023)苏05民终5068号案件中,法院判定:“惩罚性赔偿的条件为存在欺诈行为导致消费者受有损失,附赠商品的对价已实际分摊入主商品价款中,故以附赠商品价款占附赠商品与主商品价款之和的比例计算实际支付的附赠商品对价”。在(2022)京0116民初4504号纠纷中,法院认为:“鉴于涉案400毫升食用油(赠品)与其他食用油(正品)为独立存贮,该桶油虽超过保质期,但不影响其他食用油的正常食用,故孙某某要求某公司返还所购全部食用油货款的诉讼请求,依据不足,本院难以支持;参照涉案400毫升食用油市场销售价格,本院判令某公司返还孙某某货款15元,并支付1000元的赔偿金。”从司法实践来看,法院普遍认同正装与赠品的“欺诈”赔偿应当分别进行评价,赔偿基数应为赠品的市场销售价格。综上,在正装合法合规、仅赠品存在欺诈的情形下,以“赠品部分的价值”作为惩罚性赔偿的计算基数更为适宜。

问 网络直播带货这种售货方式“台前幕后”主体很多,怎么厘清直播带货各方主体及其法律关系?

答 直播带货涉及直播营销平台经营者、直播间运营者、直播营销人员、商品销售者等多方主体。当消费者在直播间购买的商品或服务出现问题时,为防止直播平台、带货主播、销售商之间相互推诿责任,明确各方的法律责任对于消费者快速确定责任主体、有效解决争议至关重要。我们首先分析带货主播这一较为复杂的主体,因为在不同经营模式下,主播所承担的责任存在差异,目前各大平台常见的经营模式主要有以下几种:

一是代言型主播,这类主播通常为明星或拥有大量粉丝的网红。他们凭借自身影响力对产品进行宣传推广,但并非实际销售者,直播间的购物链接会直接跳转至实际销售者的网店。在此情形下,主播并非买卖合同的订立主体,仅需对其直播行为承担法律责任,而销售行为相应的法律责任由实际销售者承担。主播在直播过程中对产品的推荐行为可视为广告代言行为,此时主播与销售者之间的关系为“广告代言合同”关系,各方应依据《广告法》的相关规定规范自身行为。若主播明知或者应知广告虚假仍进行发布或推荐,导致消费者损害的,应当与广告主承担连带责任。

二是委托代销型主播，这类主播通常拥有自己的网络店铺，自主决定上架商品，并与商家签订委托代销协议，自行策划推广发布内容，凭借自身影响力和营销能力引导消费者购物，最终从商家处获取收益。在此种情况下，主播可能兼具广告代言人、广告主以及“代销商”的多重身份，应被视为产品的直接销售者。若产品出现问题，主播应当依照产品质量法、消费者权益保护法的规定承担商品销售者的法律责任。

三是销售方履职型主播。该类型主播本身是产品商家的工作人员或受商家雇佣，其直播带货行为属于工作期间的职务行为。因此，该类主播因带货引发的消费纠纷属于经营者与消费者之间的法律关系范畴，对外法律责任由商品经营者承担。

问 网购消费争议中平台和商品销售者又有哪些法律责任？

答 关于直播平台的责任：依据《电子商务法》规定，平台有义务对平台内经营者的资质和经营行为进行严格监管。若发现平台内经营者存在违法行为，平台应当及时采取必要措施，否则需承担相应的法律责任。《消费者权益保护法实施条例》中也明确规定，直播营销平台经营者应当建立健全消费者权益保护制度，明确消费争议解决机制。当发生消费争议时，直播营销平台经营者应当根据消费者的要求，提供直播间运营者、直播营销人员相关信息以及相关经营活动记录等必要信息，以协助消费者解决争议。

关于商品销售者的责任：根据《消费者权益保护法》《产品质量法》的有关规定，经营者有义务保证销售商品的质量，确保其符合国家标准和法律要求。同时，经营者不得通过虚假宣传、夸大事实等方式误导消费者，切实维护消费者的知情权和公平交易权。

问 职业打假人与我们普通消费者有个区别就是他们可能存在“知假买假”，这种“知假买假”行为合法吗？

答《消费者权益保护法》第 2 条规定，消费者为生活消费需要购买、使用商品或者接受服务，其权益受本法保护。若购买行为并非出于生活需要，而是企图利用法律规定谋取高额赔偿利益，则不属于我国消费者权益保护法所定义的消费者，但存在例外情况。2021 年发布的《最高人民法院关于审理食品药品纠纷案件适用法律若干问题的规定》第 3 条规定，“因食品、药品质量问题发生纠纷，购买者向生产者、销售者主张权利，生产者、销售者以购买者明知食品、药品存在质量问题而仍然购买为由进行抗辩的，人民法院不予支持”，2024 年 8 月 21 日发布的《最高人民法院关于审理食品药品惩罚性赔偿纠纷案件适用法律若干问题的解释》第 12 条规定，“购买者明知所购买食品不符合食品安全标准，依照食品安全法第一百四十八条第二款规定请求生产者或者经营者支付价款十倍的惩罚性赔偿金的，人民法院应当在合理生活消费需要范围内依法支持购买者诉讼请求”。

由此可见，“知假买假”行为在一定程度上受到“有限”的法律支持，目前这种支持仅局限于食品、药品领域。这一规定旨在保障消费者在食品药品安全方面的合法权益，同时也对市场秩序起到规范作用。

问 消费者在维权过程中应如何把握尺度？

答 消费者在维权过程中，需从以下三个方面把握尺度：

首先，要有合法依据。消费者应依据自己在购买商品或者接受服务过程中所遭受的实际损失或者损害作为请求基础，合理主张自身权益，切不可故意制造事端，借机索要财物。

其次，维权手段应合法。对于不同性质的侵权损害，法律规定了相应的救济方式，如协商、调解、投诉、仲裁和诉讼等。消费者应采用合法的方式维护自己的正当权益，避免手段过激，以免导致自身陷入不利境地。

最后，索赔金额要合理。索赔数额与实际损失之间应保持合理比例，不能过分悬殊。若索取金额远远超出法律规定的赔偿标准，容易被认定为具有非法占有的目的，从而影响维权的正当性。

问 消费者在维权过程中应该如何避免陷入刑事风险？

答 与过度维权行为紧密相关的两个常见罪名是寻衅滋事罪和敲诈勒索罪。在维权过程中，部分消费者情绪激动，行为失范，采用恐吓、辱骂他人等方式作为维权手段，扰乱公共秩序，造成恶劣影响，这种行为有可能触犯寻衅滋事罪。敲诈勒索罪，是指以非法占有为目的，对被害人使用威胁或要挟的方法,强行索要公私财物,数额较大或者多次敲诈勒索的行为。敲诈勒索罪的关键在于"非法占有为目的"和"使用威胁或恐吓手段"。在敲诈勒索犯罪中,维权往往只是手段,而非目的。消费者在向销售者进行维权时,一旦存在非法占有的故意,采用威胁或者要挟的方式索要财物,并且漫天要价,就极有可能涉嫌敲诈勒索犯罪。因此,消费者维权应当在合法的范围内进行,准确计算和主张损害赔偿,采取正当方式,切勿借维权之名谋取非法利益,以免陷入不必要的刑事风险。

031

解读消费者的知情权与自主选择权

FM99.6 厦门综合广播《新闻招手停》第 138 期

主持人：海蕾

主讲人：李苏律师[①]、黄婷婷律师[②]

热点问题发现

探寻社会中关注度高的热点问题

1. 消费者对哪些内容享有知情权？

2. 电信服务提供者对免费提供的增值业务过期后强行扣费怎么办？

---

① 李苏律师，硕士；福建旭丰律师事务所第三党支部纪律委员、行政专业委副主任。

② 黄婷婷律师，法律硕士，三级律师厦门市律协涉外专业委员会委员执业领域为民商事法律事务、公司治理、企业并购重组等诉讼和非诉法律服务。

3. 在餐饮店就餐，商家可以强制收取餐具费吗？
4. 消费者维权路径有哪些？

常见问题解答

一问一答为常见法律问题提供指南

问 消费者知情权是指什么？消费者对哪些内容享有知情权？

答 依据《消费者权益保护法》第 8 条规定，所谓知情权，是指消费者在购买、使用商品或者接受服务之时，拥有知悉其真实情况的权利。消费者有权依据商品或者服务的具体情形，要求经营者提供如商品的价格、产地、生产者、用途、性能、规格、等级、主要成分、生产日期、有效期限、检验合格证明、使用方法说明书、售后服务，以及服务的内容、规格、费用等相关信息。

问 经营者故意隐瞒销售的空调是三年前制造的，消费者发现后能否要求经营者更换空调新机？

答 可以。消费者对空调的生产日期享有知情权，相应地，经营者负有告知义务。空调作为一种工业产品以及家庭常用电器，理应具备合理的使用年限。若超期使用，极有可能给消费者带来安全隐患；而且空调出厂后即便处于存放未启用状态，也可能因长期库存而出现电路板线路老化、漏电、性能下降等一系列潜在危害。因此，经营者未主动告知生产日期的行为，对消费者日后使用空调构成潜在威胁。基于此，依据《消费者权益保护法》第52条"经营者提供商品或者服务，造成消费者财产损害的，应当依照法律规定或者当事人约定承担修理、重作、更换、退货、补足商品数量、退还货款和服务费用或者赔偿损失等民事责任"的规定，消费者有权要求经营者更换空调新机。

问 电信服务提供者对免费提供的增值业务过期后又强行扣费怎么办？

答 根据《消费者权益保护法》第10条规定，市场交易行为应当遵循公平交易原则，坚决反对强买强卖行为。消费者有权知悉所购买商品和接受服务的真实情况。电信服务提供者为推广电信增值业务，事先设定免费体验期，用户可在此期间免费体验增值服务。免费期结束后，电信服务提供者若要对该增值业务进行收费，必须获得用户明确的使用承诺。否则，电信服务提供者的强行扣费行为便侵犯了消费者对所接受服务的知情权，同时也违背了市场公平交易原则。一旦遭遇这种情况，消费者可要求电信服务提供者退还强行扣除的费用。

问 就强行扣费行为，可否要求电信服务提供者赔礼道歉？

答 不可以。《消费者权益保护法》第50条规定："经营者侵害消费者的人格尊严、侵犯消费者人身自由或者侵害消费者个人信息依法得到保护的权利的，应当停止侵害、恢复名誉、消除影响、赔礼道歉，并赔偿损失。"由此可见，赔礼道歉这一民事责任的承担，通常适用于经营者的经营行为致使消费者人身权利遭受损害的情形。而对于财产损害的民事责任，依据《消费者权益保护法》第 52 条规定，主要包括修理、重作、更换、退货、补足商品数量、退还货款和服务费用或者赔偿损失等，财产损害的情形一般不适用赔礼道歉。电信服务提供者在免费提供的增值业务过期后，未获得机主明确使用承诺便强行扣费的行为，主要造成机主财产受损，这种情况下一般无法要求对方赔礼道歉。

问 在餐饮店就餐，商家可以强制收取餐具费吗？

答 不可以。餐饮服务经营者在未事先告知收费的情况下强制收取餐具费，此行为既不合理又不合法，严重侵犯了消费者的知情权、自主选择权和公平交易权。根据《食品安全法》第 33 条规定，食品生产经营应当符合食品安全标准，其中餐具、饮具和盛放直接入口食品的容器，使用前应当洗净、消毒，炊具、用具用后应当洗净，保持清洁。所以，餐饮服务经营者有义务向消费者提供符合国家卫生标准的消毒餐具，这是其不可推卸的法定义务与责任。不过，若商家在收费前已明确告知存在餐具费，且顾客表示同意，那么该行为具有合法性。既然存在收费餐具，商家也应当提供免费餐具供消费者选择，不能强制或默认消费者使用有偿餐具。遇到此类情况，消费者有权拒绝支付，也可拨打 12315 投诉，或者直接向市场监督管理局投诉。

问 消费者维权路径有哪些？

答 根据《消费者权益保护法》第39条规定，消费者和经营者发生消费者权益争议时，可以通过以下途径解决：(1)与经营者协商和解；(2)请求消费者协会或者依法成立的其他调解组织调解；(3)向有关行政部门投诉；(4)根据与经营者达成的仲裁协议提请仲裁机构仲裁；(5)向人民法院提起诉讼。

问 消费者协会或者依法成立的其他调解组织调解有没有强制执行力？

答 由于消费者协会和其他调解组织所进行的调解通常属于民间性质，并不具备法律的强制力约束。所以，一旦当事人反悔，或者无法达成调解协议，就需要通过其他途径来解决争议。

问《消费者权益保护法》第39条提到的向有关行政部门投诉这个维权途径，这里的有关部门主要是指哪些？

答 有关行政部门，是指依法负有保护消费者合法权益职责的部门。主要涵盖市场监督管理部门、卫生行政部门、物价部门等。

典型案例分析

以案说法为纠纷处理提供具体的参考

案件名称:原告刘某与被告北京某公司买卖合同纠纷

案号:(2018)苏0508民初7333号

审理法院:苏州市姑苏区人民法院

案例来源:中国裁判文书网

基本案情 2017年5月9日,刘某在某公司运营的中国知网上通过支付宝充值50元,中国知网充值中心对于用支付宝方式充值的最低额限制设定为50元。后刘某在中国知网合计消费9元,账户余额共41元。2018年10月21日,刘某电话联系客服,询问是否可以自定义充值及账户余额能否退还,客服答复称不可以自定义充值,不同的充值方式对于最低充值金额有不同规定。对于多余的金额可以退还,但退款周期长,还需扣除一定的手续费,如需继续使用中国知网,建议先不退款。2018年11月6日,刘某将该公司起诉至法院要求判令撤销被告作出的最低充值金额限制,判令被告返还原告账户全部余额人民币43元并承担诉讼费用。2018年11月26日,该公司将余额41元退还至刘某的支付宝账户。

法院观点 某公司在中国知网上关于最低充值额限制的规定导致消费者为购买价格仅为几元的文献需最低充值10元至50元。虽然账户余额可以退还，但知网称退还需扣除手续费，故该网站对于最低充值额的设定占用了消费者的多余资金，且收取退款手续费也增加了消费者的负担。故该规定侵犯了消费者的自主选择权，限制了消费者的权利，是对消费者不公平、不合理的规定，应认定无效。虽然本案的最低充值金额较低，大多数消费者尚可忍受，也未提出异议，但该做法的负面示范效应仍应引起重视并加以规范、指引，商家应在充值时允许消费者对于充值金额进行自定义。对于刘某要求某公司退款的请求，因某公司已经退款，故本院对该项请求予以驳回。

裁判结果 (1)被告某公司在其经营的中国知网充值中心关于最低充值额限制的规定无效；(2)驳回原告其余诉讼请求。

律师分析 消费者享有自主选择商品或者服务的权利，有权自主选择商品品种或者服务方式，自主决定购买或者不购买任何一种商品。经营者不得以格式条款、通知、声明、店堂告示等方式，作出排除或者限制消费者权利、减轻或免除经营者责任、加重消费者责任等对消费者不公平、不合理的规定，不得利用格式条款并借助技术手段进行强制交易。格式条款、通知、声明、店堂告示等含有前款所列内容的，其内容无效。

经营者单方设定的最低充值金额条款不仅侵犯了消费者的自主选择权、无故占用了消费者的资金，还会额外增加消费者申请退款时的负担，因此，该最低充值金额条款属于限制消费者合法权益的格式条款，系对消费者不公平、不合理的规定，应认定无效。

032

网络不是“键盘侠”的法外之地

FM99.6 厦门综合广播《新闻招手停》第 129 期

主持人:海蕾

主讲人:邱碧婷律师①、何逸铭律师②

热点问题发现

探寻社会中关注度高的热点问题

1. 什么是名誉侵权行为? 它有哪些表现形式?

---

① 邱碧婷律师,福建旭丰律师事务所房地产专业委员会、公司法专业委员会委员,厦门市思明区人民法院法援咨询律师,曾为厦门市某地方法规、规范性文件立法调研项目提供法律服务。现为厦门国际邮轮母港集团、厦门道诣堂、厦门隐庐文化等企业常年法律顾问。

② 何逸铭律师,毕业于复旦大学法学院,现为福建旭丰(自贸区厦门片区)律师事务所律师,在涉外法律、民商事争议解决、常年法律顾问业务方面积累了实务经验。现为厦门多家国企、金融机构提供法律服务。

2. 如何判断自己是否在网络上构成了对他人的侮辱？

3. 遇到名誉侵权应该如何维权？

常见问题解答

一问一答为常见法律问题提供指南

问 什么是名誉侵权行为，它有哪些表现形式？

答 依据《民法典》第 1024 条规定：民事主体享有名誉权。任何组织或者个人不得以侮辱、诽谤等方式侵害他人的名誉权。名誉是对民事主体的品德、声望、才能、信用等的社会评价。

因此，名誉侵权行为是指侵害民事主体名誉权的行为，一般而言，网络上的名誉侵权主要表现为侮辱、诽谤、转发、影射这四种形式。

问 如何判断自己是否在网络上构成了对他人的侮辱？

答 侮辱他人，在网络上一般表现为文字侮辱和态度侮辱。文字侮辱比较好理解，就是通过书写文字、图形侮辱他人，如书写和张贴丑化他人、侮辱他人人格的标语、漫画，对他人形象照片进行恶俗拼接、用低俗下流的词汇描绘他人形象，这也是我们最经常看到的键盘侠行为。态度侮辱则是以做出某种姿态、动作侮辱他人的行为，比如，当众焚毁他人相片、标志，公开模仿他人过往较为不堪的形象、动作等。

当然，现实生活中还存在暴力侮辱、语言侮辱等表现形式，只要从常人角度可以感知到行为人用某种方式对他人名誉进行贬损，并造成他人的社会评价降低，都可以将其纳入侮辱行为的范畴。

问 诽谤应该如何界定？

答 诽谤是指故意捏造并散布某些虚假的事实，损害他人名誉的行为。跟前文说到的侮辱相比，诽谤只能通过语言、文字的方式进行，简单来说，诽谤就是捏造事实、无中生有。侮辱行为不一定是无中生有，有可能行为人描述的事实是真实的，但是使用了侮辱性词汇。诽谤也就是我们常说的“造谣”，比如，杜撰他人恋爱绯闻、家庭背景等。

问 是不是涉及他人信息的报道都不可以转发？

答《民法典》第1025条规定行为人“对他人提供的严重失实内容未尽到合理核实义务”的，应当承担民事责任，也就是说，转发行为侵权包括两个要件。

第一，他人提供的内容严重失实。在新闻报道、舆论监督等情形下，不能要求其内容不出现任何错误，如果报道只是某些细节有瑕疵，比如，名字有错别字等，但是报道的基本内容没有失实，此时不应当要求行为人承担责任。司法实践中，判断报道内容是否严重失实也是以报道的基本事实是否符合客观事实作为标准，而不是以报道的细枝末节作为标准。

第二，行为人未尽到合理核实义务。认定网民是否尽到合理核实义务，应当考虑内容来源的可信度，比如，新华社、《人民日报》发布的内容，可信度较高，对从其他渠道了解的信息则应当尽到足够核实义务，不能对道听途说的事实未尽到核实义务就加以传播。在司法实践中，还会综合考虑内容核实所需的能力和核实成本等诸多因素，以对行为人是否尽到合理核实义务进行判断。

问 怎么识别影射的对应关系？

答 "键盘侠"们发表影射性言论是互联网中常见的侵权形式，通常会用姓名首字母拼音、标志性动作或作品指代他人。侵权人发表侵权言论多使用"饭圈黑话"，比如，明星黑称，侮辱性言语的谐音以及娱乐圈炒作的特定词汇等，例如，以特定具有侮辱、贬损含义的绰号指代特定明星或网红。

问 遇到名誉侵权应该如何维权？

答 首先是要固定符合诉讼要求的证据。无论是形象维权还是名誉维权，被侵权人首先都需要固定证据。截图保存是最简单的方式，但这种方式在法庭上的证明效力不高，而且容易被质疑有篡改的可能。实务中可以采用如下更稳妥的固定证据的方式，以微博侵权言论为例，准备两台手机：一台手机卸载微博软件并关机。另一台手机打开摄像头点击录制视频，对准已经关机的这台手机，进行如下操作：开机，下载微博客户端,登录,搜索到侵权言论页面,将内容完整呈现在屏幕上,有较多评论的,也记得把评论部分录制进去,特别是转发、评论、点赞的数量,最后点击博主的头像进入个人介绍页面,完整呈现该页面内的所有内容,至此就可以结束录制了。这种保存方式比截屏保存的法律效力更高,不过,最有效力的方式还是电子取证。《最高人民法院关于互联网法院审理案件若干问题的规定》指出:“当事人提交的电子数据,通过电子签名、可信时间戳、哈希值校验、区块链等证据收集、固定和防篡改的技术手段或者通过电子取证存证平台认证,能够证明其真实性的,互联网法院应当确认。”当然,还可以请公证机关对该等电子证据进行公证。

其次是要向网络平台调取身份信息。在互联网上寻找账号背后的真正侵权主体,不是一件容易的事。“加 V”的微博账号或经过认证的公司账号,比较容易寻找到主体信息,但大部分的侵权内容发布者往往只是普通的个人,在前台信息显示页面,很难查找到个人注册的实名信息,更谈不上得到符合诉讼要求的明确的身份信息。因此,在名誉权维权过程中,我们需要首先解决的问题是如何得到侵权人的个人身份信息。在目前的司法实践中,我们多数情况下需要先起诉网络平台,要求平台提供侵权人的后台实名认证信息,再根据平台披露的信息起诉具体的侵权对象。读者可能经常会看到在与名人相关的名誉权纠纷案件中,微博和腾讯等平台公司常常作为被告出席,正是基于该等原因。不过,实务中也出现了一些难点问题,如拿到的实名认证信息只有手机号码,并没有真实姓名、身份证号、住址等详细信息，这时可能就需要再次去手机运营商处调取才能获得全部的身份信息。

总体来说，侵权主体一般是发布侵权言论的具体对象，但平台如果不履行监管职责，也可能成为共同侵权主体。

问 除民事诉讼外，还有其他维权手段吗？

答 由于名誉权维权诉讼案件往往耗时较长，也可以考虑采用其他手段维权：(1)申请人格权禁令，通常适用于有确凿证据证明人格权利受到侵害的情形，此时可以向法院申请要求侵权人删除、屏蔽谣言或侮辱信息。(2)向公安机关报案，根据《治安管理处罚法》的规定，公安机关可以对公然捏造事实诽谤他人的行为拘留或者罚款。(3)刑事自诉，实践中也有越来越多的当事人选择指控侵权人诽谤罪作为维权手段之一，不过，诽谤罪作为自诉案件，对于当事人来说，举证难度会比较高。

问 人肉他人信息，这种会涉及违法吗？

答 “人肉开盒”是指利用非法手段公开曝光他人隐私数据与信息，组织“人肉搜索”，违法收集并向不特定多数人发布公民个人信息，情节严重，符合《刑法》第253条之一规定的，以侵犯公民个人信息罪定罪处罚。

问 如何界定名誉侵权和正常批评、评论的界限？

答 在认定名誉权侵权的过程中，侵权者往往会以自己是正当批评、讨论为由，否认自己实施了侵权行为。因此，《民法典》第1025条规定了为公共利益正常新闻报道、批评监督、学术讨论等与侵犯名誉权之间的界限，认为在新闻报道、批评监督与学术讨论中不得歪曲捏造事实，或者对他人提供的严重失实的内容没有尽到合理的核实义务，或者存在其他有侮辱性的言辞直接损害到他人的名誉等。正常的新闻报道、批评监督、学术讨论，所依据的是真实发生的事实，并非编造的不实信息，同时，发表评论时应注意自身的言辞，不可使用带有侮辱性质的言语对被评论者进行人身攻击。

典型案例分析

以案说法为纠纷处理提供具体的参考

案件名称：张某诉李某名誉权纠纷案

案号：(2021)赣08民终1838号

审理法院：江西省吉安市中级人民法院

案例来源：人民法院案例库

基本案情 原告张某诉称：张某与李某曾系同事关系，2021年4月12日张某在微信朋友圈发了一条动态，对自己女儿考试获得好成绩表示开心。很多微信好友对该条动态点赞，李某却在下方评论“几十岁的人还在外面偷人”。张某当即联系李某，希望其解释和道歉，李某一直拒绝沟通。张某认为受到了李某无中生有的侮辱、诽谤,致使其信誉受损,李某侵犯了其名誉权。

被告李某辩称,其发布的那句评论系张某理解错误。“偷人”有很多种意思理解,其中有一种解释意为游戏术语。“偷人”在游戏术语中是捉弄人的意思。其在张某微信动态下发布的“几十岁的人还在外面偷人”的评论,只是一句游戏术语。

法院观点 《民法典》第1024条规定:民事主体享有名誉权。任何组织或者个人不得以侮辱、诽谤等方式侵害他人的名誉权。名誉是对民事主体的品德、声望、才能、信用等的社会评价。李某在张某朋友圈一动态下发表“几十岁的人还在外面偷人”的评论,该评论内容具有贬损、侮辱的性质,其主观上存有过错,张某的部分朋友亦已看到该评论内容,李某的该评论行为造成了张某的名誉受损,故李某的案涉行为构成名誉侵权。李某该评论行为存在过错,且李某该评论的行为过错与张某名誉受损存在因果关系。结合侵权人的过错程度、行为方式、场合等情形,依法判决李某赔偿张某精神损害抚慰金8000元。

裁判结果 判决被告李某停止侵害并赔偿原告张某精神损害抚慰金8000元,限判决生效后10日内付清。

律师分析 名誉是对民事主体的品德、声望、才能、信用等的社会评价,公民享有名誉权。网络空间是现实空间的折射，是现实空间中每一个个体通过在网络中实施的行为构建起的虚拟空间。在虚拟空间中施行的行为所形成的后果，也通过其行为主体，即自然人个体，反馈到现实空间中，作用于人们的日常工作和生活，故在网络空间施行的行为亦应遵守一定的行为规范和准则。在本案中，朋友圈是网上交流的一种方式，并非法外之地，朋友圈发表动态或在他人动态下发表不当言论造成他人名誉受损，可认定为构成名誉侵权。

公民的言论自由权与名誉权同等受到法律保护，各权利人在行使权利时均应在法律赋予的限度之内，禁止任何人以享有行使自己权利为由侵害其他民事主体的合法权益。行为人在他人开放的微信朋友圈发表侮辱性评论，足以影响他人的社会评价，法院应综合考量评论对象、评论内容、评论的影响力、因果关系及主观过错五个因素予以认定。在具有公众性的平台上发布具有侮辱或诽谤性质的言论，主观上具有损害他人名誉的恶意，客观上实施了侵害他人名誉的行为，最终导致他人在一定社会范围内社会评价降低，构成侵害他人名誉权，情节严重的可依法追究其刑事责任。

033

AI 技术嬗变与《民法典》人格权保护

FM99.6 厦门综合广播《新闻招手停》第 148 期

主持人:海蕾

主讲人:孙洪良律师、[①]王馨悦律师[②]

热点问题发现

探寻社会中关注度高的热点问题

1.《民法典》中的声音权

2. AI 声音侵权的司法判准

---

① 孙洪良律师,福建旭丰律师事务所合伙人、网络与电子商务委员会主任。担任厦门仲裁委员会仲裁员,泉州仲裁委员会仲裁员,龙岩仲裁委员会仲裁员,厦门市中级人民法院调解员,厦门市法学会首席法律咨询专家,厦门市工商联(总商会)专家顾问团成员。

② 王馨悦律师,福建旭丰律师事务所执业律师,厦门大学法律硕士,福建省第四届青年律师辩论赛优秀辩手,厦门市首届、第二届青年律师辩论赛优秀辩手。

3. 拥抱 AI 时代，引导技术向善

常见问题解答

一问一答为常见法律问题提供指南

问 自然人的声音是否受法律保护？

答 民法典中人格权自成一编，在立法体例上充分彰显对人格权益的尊重和保护。其中《民法典》第 1023 条第 2 款规定："对自然人声音的保护，参照适用肖像权保护的有关规定。"该条款首次以立法形式明确参照适用肖像权保护自然人的声音。通过立法中声音权益的从无到有，可以窥见声音与人格的关联日渐紧密，声音的利用价值日渐显化。

问《民法典》对自然人声音的保护体现在哪些方面？

答 结合《民法典》第 1018 条至第 1022 条对自然人肖像权的规定可知，民法典对自然人声音的保护具体体现在以下几个方面：

1. 任何组织或者个人不得以丑化、污损，或者利用信息技术手段伪造等方式侵害他人的声音。未经权利人同意，不得制作、使用、公开他人的声音。但是法律另有规定的除外。

2. 未经权利人同意，声音作品权利人不得以发表、复制、发行、出租、展览等方式使用或者公开权利人的声音。

问 AI技术的嬗变给自然人声音权保护带来了哪些挑战?

答 AI技术成熟前,侵权行为通常表现为未经许可使用被侵权者本人真实的声音,侵权与否判断起来较为简单。但是,随着AI技术的发展成熟,不再需要直接使用本人声音,可以利用AI技术手段自主生成一个AI化的声音,从而避免直接使用本人真实的声音,那像这样以AI为媒介独立生成的声音并加以使用,还构成侵权吗?这种情况就多了一重法律判断,也就是要判断自然人的声音权益是否及于AI声音。

问 自然人的声音权益是否及于AI声音?

答 北京互联网法院在全国首例AI声音侵权案中,明确认定在具备可识别性的前提下,自然人声音权益的保护范围可及于AI生成声音。AI生成声音可识别性的认定应综合考虑行为人使用情况,并以相关领域普通听众能否识别作为判断标准。利用人工智能合成的声音,如果能使一般社会公众或者相关领域的公众根据其音色、语调和发音风格,关联到该自然人,可以认定为具有可识别性。

典型案例分析

以案说法为纠纷处理提供具体的参考

案件名称:全国首例AI声音侵权案

审理法院:北京互联网法院

基本案情 原告殷某作为一名专业配音师，经朋友告知，发现自身配音制作的作品在多个知名 App 上广泛传播。通过专业的声音筛选与溯源技术，最终查明这些作品中的声音源自被告一北京某智能科技公司运营平台中的文本转语音产品。该产品允许用户输入文本并调整参数，从而实现文本向语音的转化。

原告曾受被告二北京某文化传媒公司委托，录制相关录音制品，被告二因此成为该录音制品的著作权人。之后，被告二将原告录制的录音制品音频提供给被告三某软件公司，并允许其将该音频用于商业或非商业用途，包括使用、复制以及修改数据，以应用于被告三的产品及服务中。被告三仅以原告录制的录音制品为素材，进行 AI 化处理，进而生成了涉案的文本转语音产品，并在被告四上海某网络科技公司运营的云服务平台上对外出售。被告一北京某智能科技公司与被告五北京某科技发展公司签订在线服务买卖合同，由被告五向被告三下单采购，其中就包含了涉案文本转语音产品。被告一通过应用程序接口形式，在未经任何技术处理的情况下，直接调取并在其平台中使用该文本转语音产品。被告抗辩观点：被告一北京某智能科技公司认为其作为善意第三人，并未参与授权过程，而是通过正规途径合法采购了涉案人工智能合成声音产品，已充分尽到合理注意义务，故而不构成侵权。同时指出，人工智能合成后的声音产品，在人身权属性上与自然人声音存在区别，当前技术通常会对人工智能合成声音添加水印标记，这就切断了人工智能合成声音与自然人声音之间的联系,不会产生对应自然人的人格属性。被告二北京某文化传媒公司认为其将拥有音频著作权及邻接权的录音制品用于与被告三某软件公司的合作,符合相关法律规定,且在各个环节均已签署协议并支付费用,不存在主观故意的侵权行为。此外,被告二还强调AI音频产品适用的配音内容和场景与单纯的有声读物不同,它是一个综合的音频内容,其传播量是由音频内容热度等多种因素共同决定,并非配音人个人所能左右。被告三某软件公司辩称其已获得涉案声音的合法授权,不存在任何侵权的主观过错。同时认为涉案声音是经过AI化处理的,不具有对原告人格的可识别性。被告四上海某网络科技公司主张其仅作为云服务平台提供者,已尽到合理的注意义务,不应承担侵权责任。被告五北京某科技发展公司表示其既非涉案AI声音的制作者,也非使用者,对是否侵权并不知情,因此不应承担侵权责任。

法院观点 原告声音权益及于涉案AI声音:自然人声音以声纹、音色、频率等特征加以区分,具有独特性、唯一性和稳定性,能够使他人产生与该自然人相关的思想或感情活动,可用于展示个人行为和身份。自然人声音的可识别性是指在他人经过反复多次或长期聆听后,依据该声音特征能够识别出特定自然人。若利用人工智能合成的声音,能让一般社会公众或相关领域公众根据其音色、语调和发音风格联想到该自然人,则可认定其具有可识别性。在本案中,被告三某软件公司仅使用原告个人声音开发涉案文本转语音产品，且经当庭勘验，该 AI 声音与原告的音色、语调、发音风格等高度一致，能够引发一般人产生与原告相关的思想或感情活动，可将该声音与原告本人建立联系，进而识别出原告主体身份。所以，原告声音权益及于涉案 AI 声音。被告二、被告三关于获得原告合法授权的抗辩不能成立：本案中，被告二北京某文化传媒公司虽对录音制品享有著作权等权利，但并不具备授权他人对原告声音进行 AI 化使用的权利。被告二与被告三某软件公司签订数据协议，在未经原告本人知情同意的情况下，授权被告三 AI 化使用原告声音，此行为缺乏合法权利来源。因此，被告二和被告三关于获得原告合法授权的抗辩无法成立。未经许可使用原告声音构成侵权，赔偿损失应综合考量多种因素：被告二北京某文化传媒公司、被告三某软件公司未经原告许可，擅自对原告声音进行 AI 化使用，侵犯了原告的声音权益，其侵权行为导致原告声音权益受损，理应承担相应法律责任。而被告一北京某智能科技公司、被告四上海某网络科技公司、被告五北京某科技发展公司主观上不存在过错，无需承担损害赔偿责任。所以，需综合考量被告侵权情节、同类市场产品价值、产品播放量等因素，对损害赔偿金额进行酌定。

裁判结果 被告一北京某智能科技公司、被告三某软件公司需向原告赔礼道歉，被告二北京某文化传媒公司、被告三某软件公司需向原告赔偿损失共计 25 万元。

律师分析 本案作为全国首例AI生成声音侵权案,为新业态、新技术的应用划定了明确边界,具有重要的参考价值。该案明确认定,在具备可识别性的前提下,自然人声音权益的保护范围可延伸至AI生成声音。对于AI生成声音可识别性的认定,应综合考虑行为人使用情况,并以相关领域普通听众能否识别作为判断标准。若利用人工智能合成的声音能让一般社会公众或相关领域公众根据其音色、语调和发音风格联想到该自然人,即可认定其具有可识别性。

在确认自然人声音权益及于AI声音这一基础上,便可结合侵权责任的四个构成要件,即侵害行为、损害事实、主观过错和因果关系,具体判断是否构成侵权。至于侵权损害赔偿金额,需综合考量侵权情节、同类市场产品价值、产品播放量等因素,对损害赔偿进行合理酌定。

全国首例AI声音侵权案,是AI技术快速发展引发的新型法律问题。它让我们在为技术迅猛进步感到欣喜的同时,也必须正视技术革新带来的诸多法律挑战,为我们敲响了警钟。AI作为一项备受瞩目的技术,正以前所未有的速度、广度和深度融入我们的生活,但与此同时,AI技术带来的法律和伦理问题不容忽视,这些问题涵盖人格权益、知识产权、数据安全等多个方面。AI技术的健康发展离不开法律的引导与约束,只有在法治框架下,才能确保AI技术真正成为安全、可控且造福人类的生产力。

Part Six

第六编 劳动

6

034

新就业形态下的劳动者权益保护

FM99.6 厦门综合广播《新闻招手停》第 159 期

主持人：海蕾

主讲人：方凡佳律师[1]、林培勋律师[2]

热点问题发现

探寻社会中关注度高的热点问题

1. 新就业形态“新”在哪里？

---

① 方凡佳律师，厦门大学法学院民商法学硕士；福建旭丰律师事务所高级合伙人、党总支委员、民事专业委员会主任；入选省市两级优秀青年律师人才库；厦门市中级人民法院调解员；厦门大学法学院兼职讲师；福建省律师协会首批专业评定律师；内地—香港联合调解中心国际专业调解员。

② 林培勋律师，福建旭丰律师事务所律师，厦门大学法律硕士，研究生主修财税法方向，执业领域为各类民商事争议、行政争议解决，政府、企事业单位法律顾问。

2. 新就业形态下劳动关系如何认定？
3. “两指引一指南”如何支持新就业形态发展？
4. 厦门对新就业形态的保障举措。

常见问题解答

一问一答为常见法律问题提供指南

问 新就业形态“新”在哪里？

答 新就业形态是指伴随着互联网技术应用和数字经济发展而出现的一种就业新模式，比如，依托互联网平台就业的快递员、外卖骑手、网约车司机、互联网营销员等。与传统就业模式相比，新就业形态的特点主要体现为工作安排去组织化、劳动关系灵活化、工作内容多样化、工作方式弹性化、创业机会互联网化。

问 新就业形态下劳动关系如何认定？

答 劳动关系的本质特征不拘泥于传统意义上基于固定工时、固定地点和直接雇佣关系的认定标准，而是聚焦于劳动者与用工主体之间实际存在的经济依赖、管理控制以及人格从属等核心要素。

《劳动合同法》第 7 条规定：“用人单位自用工之日起即与劳动者建立劳动关系。”人社部《关于维护新就业形态劳动者劳动保障权益的指导意见》第 18 条规定：“根据用工事实认定企业和劳动者的关系。”认定新就业形态下是否存在劳动关系,应当对照劳动管理的相关要素,综合考量人格从属性、经济从属性、组织从属性的有无及强弱。从人格从属性看,主要体现为平台企业的工作规则、劳动纪律、奖惩办法等是否适用于劳动者,平台企业是否可通过制定规则、设定算法等对劳动者劳动过程进行管理控制;劳动者是否须按照平台指令完成工作任务,能否自主决定工作时间、工作量等。从经济从属性看,主要体现为平台企业是否掌握劳动者从业所必需的数据信息等重要生产资料,是否允许劳动者商定服务价格;劳动者通过平台获得的报酬是否构成其重要收入来源等。从组织从属性看,主要体现为劳动者是否被纳入平台企业的组织体系当中,成为企业生产经营组织的有机部分,并以平台名义对外提供服务等。

问 "两指引一指南"如何支持新就业形态发展?

答 2024 年 2 月,人社部为支持和规范新就业形态的发展,加强新就业形态劳动者权益保障,印发了《新就业形态劳动者休息和劳动报酬权益保障指引》《新就业形态劳动者劳动规则公示指引》《新就业形态劳动者权益维护服务指南》三份文件,俗称"两指引一指南"。

《新就业形态劳动者休息和劳动报酬权益保障指引》为劳动者提供了工作时间和休息的保障,也提供了劳动报酬保障。《新就业形态劳动者劳动规则公示指引》明确了劳动规则的内涵,还要求平台企业在实施劳动规则前,至少提前 7 天向劳动者公示,并在应用程序等显著位置以清晰易懂的语言持续公示，确保劳动者能随时查阅反馈。《新就业形态劳动者权益维护服务指南》从权益维护、法律援助与支持两个方面为劳动者权益提供保障。

问 厦门对新就业形态的保障举措有哪些？

答 2023 年，厦门市成立了快递员和骑手权益保障工作专班，并在充分调研的基础上成立了全省首家新就业形态劳动者权益保障服务中心。作为福建省首家专注于多元化保障新就业形态劳动者权益的专业机构，它不仅彰显了厦门市在强化劳动者权益保护、提升公共服务效能方面的坚定决心，也代表了厦门市在推动城市治理现代化道路上的新探索与重大进展。2024 年，厦门市进一步推动各项举措落地落实，印发了《厦门市做好新就业形态劳动者权益保障工作若干措施》。目前，厦门市已经初步形成了具有地方特色的新就业形态劳动者权益保障工作模式。

典型案例分析

以案说法为纠纷处理提供具体的参考

案例名称：孙某与某物流公司劳动争议纠纷案

案例来源：人力资源社会保障部、最高人民法院联合发布劳动人事争议典型案例（第三批）

基本案情 孙某于2019年6月11日进入某外卖平台配送站点工作，该站点由某物流公司承包经营。某物流公司与孙某订立了自2019年6月11日起至2021年6月10日止的书面劳动合同。从事配送工作期间，孙某按照某物流公司要求在规定时间、指定区域范围内执行某外卖平台派发的配送任务，某物流公司根据孙某出勤及订单完成情况向其按月支付劳动报酬。某物流公司于2020年8月21日与某商务信息咨询公司订立《服务协议》，约定将含孙某在内的部分配送员委托给某商务信息咨询公司管理。在某商务信息咨询公司安排下，孙某注册了名为"某配送服务部"的个体工商户，并于2020年9月6日与某物流公司订立了为期1年的《项目承包协议》，约定：某配送服务部与某物流公司建立合作关系，某配送服务部承接某外卖平台配送站点的部分配送业务，某物流公司按照配送业务完成量向某配送服务部按月结算费用。此后，孙某仍然在某外卖平台站点从事配送工作，接受某物流公司管理，管理方式未发生任何变化。2020年12月10日，某物流公司单方面终止《项目承包协议》，孙某要求某物流公司支付违法解除劳动合同赔偿金。某物流公司认为订立《项目承包协议》后，双方之间已从劳动关系变为合作关系，劳动合同自动终止，并以此为由拒绝支付违法解除劳动合同赔偿金。孙某遂向仲裁委员会申请仲裁。

仲裁观点 本案争议焦点是，在孙某以个体工商户名义订立《项目承包协议》的情况下，其与某物流公司之间是否存在劳动关系？在某商务信息咨询公司安排下，孙某注册个体工商户，并以个体工商户名义与某物流公司书面约定建立合作关系，但从用工事实看，某物流公司与孙某之间完全延续了此前的劳动管理方式，孙某仍然向某物流公司提供从属性劳动，双方之间并未作为法律地位平等的市场主体开展经营活动。因此，某物流公司关于双方之间由劳动关系变为合作关系、劳动合同自动终止的主张，与事实不符，应当认定在2020年9月6日之后双方之间仍然存在劳动关系，对孙某要求某物流公司支付违法解除劳动合同赔偿金的仲裁请求，应当予以支持。

裁判结果 孙某与某物流公司存在劳动关系，某物流公司向孙某支付违法解除劳动合同赔偿金。

律师分析 从法律主体资格的视角审视，当劳动者完成个体工商户注册后，便拥有了两种行为能力：其一，以自然人身份与其他用人单位构建劳动关系；其二，以个体工商户的名义投身市场经营活动。

在第一种情形下，劳动者与企业之间存在着典型的“管理—从属”关系。企业凭借其管理职能，对劳动者的劳动过程实施全面管理，涵盖工作时间、工作内容、工作方式等诸多方面。而劳动者则需按照企业的要求，提供具有从属性的劳动，服从企业的指挥与安排。在此种关系下，双方在市场主体地位上呈现出明显的不平等，法律关系也具有显著的从属性特征。

在第二种情形下，个体工商户与企业均被法律赋予平等的市场主体地位。个体工商户依据双方事先约定，向企业提供相应服务，并获取相应的对价。服务的具体内容、实施方式、对价的形式及数额等关键事项，均由双方通过平等协商予以确定。值得强调的是，此时企业与个体工商户背后的自然人之间，并不存在"管理—从属"关系。

实际上，上述案例所展现的情形在现实经济活动中已屡见不鲜。为了规范此类现象，国务院专门印发了《促进个体工商户发展条例》，其中明确规定"任何单位和个人不得诱导、强迫劳动者登记注册为个体工商户"。这一规定旨在维护劳动者的自主选择权，防止其合法权益受到侵害。

因此，在劳动关系认定的过程中，应当重点审查企业与劳动者之间是否存在劳动管理以及从属性劳动的实质。通过这种审查方式，能够有效防止企业以"去劳动关系化"为手段，规避其应承担的用工责任。只有这样，才能切实保障劳动者依法享有的各项劳动权益，维护劳动关系的公平与正义，促进劳动力市场的健康、有序发展。

035

发生工伤了怎么办？

FM99.6 厦门综合广播《新闻招手停》第 169 期

主持人：海蕾

主讲人：周慧律师①、陈兰馨律师②

热点问题发现

探寻社会中关注度高的热点问题

1. 什么是工伤，如何申请工伤认定？
2. 未签订劳动合同是否还能享受工伤保险待遇？
3. 用人单位未缴纳工伤保险时，如何处理？

---

① 周慧律师，北京师范大学法律硕士，厦门市青年律师领军人才库律师，专注领域为合同纠纷、公司法、金融、劳动争议等。

② 陈兰馨律师，厦门大学法律硕士，福建旭丰律师事务所公司法业务部、建设工程业务部委员，专注领域为公司商事、合同纠纷、建设工程等领域争议解决及非诉讼法律服务。

4. 工伤认定后能获得哪些补助、赔偿?
5. 什么叫停工留薪?

常见问题解答

一问一答为常见法律问题提供指南

问 什么是工伤?

答 工伤,是指劳动者在从事职业活动或者与职业责任有关的活动时遭受的事故伤害和职业病伤害。《工伤保险条例》对应当认定为工伤及视同工伤的情形作了具体规定。其中,第14条规定:职工有下列情形之一的,应当认定为工伤:(1)在工作时间和工作场所内,因工作原因受到事故伤害的;(2)工作时间前后在工作场所内,从事与工作有关的预备性或者收尾性工作受到事故伤害的;(3)在工作时间和工作场所内,因履行工作职责受到暴力等意外伤害的;(4)患职业病的;(5)因工外出期间,由于工作原因受到伤害或者发生事故下落不明的;(6)在上下班途中,受到非本人主要责任的交通事故或者城市轨道交通、客运轮渡、火车事故伤害的;(7)法律、行政法规规定应当认定为工伤的其他情形。第15条规定:职工有下列情形之一的,视同工伤:(1)在工作时间和工作岗位,突发疾病死亡或者在48小时之内经抢救无效死亡的;(2)在抢险救灾等维护国家利益、公共利益活动中受到伤害的;(3)职工原在军队服役,因战、因公负伤致残,已取得革命伤残军人证,到用人单位后旧伤复发的。职工有前款第(1)项、第(2)项情形的,按照本条例的有关规定享受工伤保险待遇;职工有前款第(3)项情形的,按照本条例的有关规定享受除一次性伤残补助金以外的工伤保险待遇。

问 如何申请工伤认定?

答 关于工伤认定申请,可以由用人单位、劳动者、工会组织提出,一般由用人单位提出。用人单位应当在事故伤害发生之日或者职工被诊断、鉴定为职业病之日起30日内向统筹地区社会保险行政部门提出工伤认定申请。遇有特殊情况,经报社会保险行政部门同意,申请时限可以适当延长。

要特别注意的是:依据《工伤保险条例》第17条规定,若用人单位未在上述30日内提交工伤认定申请,在此期间发生的工伤待遇等有关费用由该用人单位负担。

若用人单位未在规定的时限内提出工伤认定申请的,则可以由受伤害职工或者其近亲属、工会组织在事故伤害发生之日或者被诊断、鉴定为职业病之日起1年内提出工伤认定申请。

申请工伤认定需准备及提交以下材料:(1)《工伤认定申请表》;(2)劳动、聘用合同文本复印件或者与用人单位存在劳动关系(包括事实劳动关系)、人事关系的其他证明材料;(3)医疗机构出具的伤后诊断证明书或者职业病诊断证明书(职业病诊断鉴定书)。

问 未签订劳动合同是否还能享受工伤保险待遇?

答 若存在事实劳动关系则可以享受。为证明事实劳动关系可以提交以下材料:证明自己提供了劳动的材料、证明用人单位支付报酬的材料、证明用人单位与自己存在管理与被管理关系的材料。

问 若用人单位未给员工缴纳工伤保险,如何处理?

答 根据《工伤保险条例》第 62 条第 2 款规定,这种情况应由该用人单位按照本条例规定的工伤保险待遇项目和标准支付费用。

此外,若用人单位应当参加工伤保险而未参加的,由社会保险行政部门责令限期参加,补缴应当缴纳的工伤保险费,并自欠缴之日起,按日加收万分之五的滞纳金;逾期仍不缴纳的,处欠缴数额 1 倍以上 3 倍以下的罚款。用人单位参加工伤保险并补缴应当缴纳的工伤保险费、滞纳金后,由工伤保险基金和用人单位依照本条例的规定支付新发生的费用。

也就是说,用人单位如果不为其职工缴纳工伤保险费,不仅会被社会保险行政部门责令补缴,还会面临罚款处罚,违法成本较高。另外,用人单位不仅在未缴纳工伤保险费时会被处罚,在未足额缴纳时也会有需要补足工伤保险待遇差额的风险。

问 工伤认定后能获得哪些补助、赔偿?

答 从来源来看,具体包括两大部分:一是工伤保险待遇,二是用人单位的赔偿。根据《厦门市人力资源和社会保障局关于印发〈厦门市工伤保险待遇管理办法〉的通知》第 5 条规定，从工伤保险基金支付的是：（1）工伤医疗费用；（2）工伤康复费用；（3）住院伙食补助费；（4）到本市以外就医的交通、食宿费；（5）辅助器具配置、维修及更换费用；（6）劳动能力鉴定医疗检查费；（7）一次性伤残补助金；（8）伤残津贴；（9）生活护理费；（10）丧葬补助金；（11）一次性工亡补助金；（12）供养亲属抚恤金；（13）一次性工伤医疗补助金；（14）其他符合法律法规规定的支付项目。

由用人单位支付的是：（1）停工留薪期间的工资福利；（2）停工留薪期间的护理费；（3）一次性伤残就业补助金；（4）五级、六级工伤职工按月领取的伤残津贴；（5）其他符合法律法规规定的支付项目。

问 什么叫停工留薪？

答 停工留薪指的是，职工因工作遭受事故伤害或者患职业病需要暂停工作接受工伤医疗的，在停工留薪期内，原工资福利待遇不变，由所在单位按月支付。

问 停工留薪有期限吗？

答 停工留薪期一般不超过 12 个月。如果伤情严重或者情况特殊，经设区的市级劳动能力鉴定委员会确认，可以适当延长，但延长不得超过 12 个月。工伤职工评定伤残等级后，停发原待遇，按相关规定享受伤残待遇。工伤职工在停工留薪期满后仍需治疗的，则可以继续享受工伤医疗待遇。

问 停工留薪待遇具体如何计算？

答 以厦门为例，根据《厦门市人力资源和社会保障局关于印发〈厦门市工伤保险待遇管理办法〉的通知》第16条规定，工伤职工受伤前在用人单位工作已满12个月的，按受伤前12个月应发工资的月平均工资计算原工资福利待遇，应发工资包括计时工资、计件工资、奖金、津贴和补贴、加班加点工资、特殊情况下支付的工资等；未满12个月的，按实际工作月数应发工资的月平均工资计算原工资福利待遇；未满1个月的，按合同约定的月工资计算原工资福利待遇；尚未约定或无法确定原工资额度的，按不低于受伤时本市上年度职工月平均工资的60%计算原工资福利待遇。

另外，若生活不能自理的工伤职工在停工留薪期内需要护理的，也由用人单位负责。若用人单位以支付护理费方式代替护理的，护理人数及护理期限由就诊医疗机构确认，护理人员每人每日护理费不得低于本市上年度职工月平均工资除以21后的60%。

典型案例分析

以案说法为纠纷处理提供具体的参考

案件名称：刘某与江苏某公司劳动争议案

案号：(2018)苏08民终1250号

基本案情 2014年12月2日，刘某与江苏某公司签订《劳动合同书》，约定刘某到江苏某公司上班，月平均工资为4300元，期限为自2014年12月2日至2016年12月1日。2015年11月26日，刘某发生交通事故。2016年4月1日，淮安市淮安区人力资源和社会保障局认定刘某构成工伤。2017年5月18日，淮安市劳动能力鉴定委员会认定刘某致残程度为八级。2017年8月24日，刘某向劳动争议仲裁委员会申请劳动仲裁，请求判决江苏某公司支付刘某一次性伤残补助金等各项费用共计280,577.44元。仲裁委员会作出不予受理通知书，刘某遂诉至法院。一审法院判决结果中关于一次性伤残就业补助金等费用仅支持20,764.8元。刘某不服一审判决，提起上诉，认为江苏某公司虽为其缴纳了社会保险，但并未按照其实际工资足额缴纳，由此会影响其所能获得的工伤待遇，一审法院对上述事实未查清。故请求撤销一审判决，改判江苏某公司赔偿刘某280,577.44元。

法院观点 本案江苏某公司虽为刘某交纳了社会保险，但未按照刘某实际工资足额交纳，由此导致刘某在享受工伤待遇时遭受损失，且该损失已经无法通过行政途径予以救济，故应对刘某的该项赔偿请求予以处理。江苏某公司2015年1月至6月为刘某交纳社会保险的基数是1920元，2015年7月至12月的缴费基数是2400元，而刘某的每月平均工资是4300元。根据淮安区人社局的答复，由此给刘某享受工伤待遇方面造成的损失是23,980元[4300元×11个月－(2400元×5＋1920元×7)÷12个月×11个月]。江苏某公司、刘某对上述损失计算方法均无异议，且江苏某公司愿意承担该笔费用，故本院认定江苏某公司应赔偿刘某损失23,980元。

裁判结果 江苏某公司赔偿因未足额缴纳社会保险给刘某造成的工伤待遇损失23,980元。

律师分析 1.《最高人民法院关于审理劳动争议案件适用法律问题的解释(一)》第1条第5项规定，劳动者以用人单位未为其办理社会保险手续，且社会保险经办机构不能补办导致其无法享受社会保险待遇为由，要求用人单位赔偿损失而发生的纠纷，人民法院应予受理，本案适用这一规定。

2. 用人单位未按照相关规定为劳动者足额缴纳社会保险，其向有关部门补缴应当缴纳的工伤保险费、滞纳金后，工伤保险基金按照规定向劳动者支付相应费用，劳动者有证据证明工伤保险待遇仍然降低，要求用人单位承担差额损失赔偿责任的，人民法院应予支持。本案中，刘某有证据证明江苏某公司并未按照其实际工资足额缴纳社会保险，导致其在享受工伤待遇时遭受损失，应要求江苏某公司承担差额损失赔偿责任，江苏某公司对此也并无异议。故法院判决江苏某公司赔偿因未足额缴纳社会保险而给刘某造成的工伤待遇损失。

036

从工程建设领域谈谈农民工薪资的相关问题

FM99.6 厦门综合广播《新闻招手停》第 127 期

主持人：海蕾

主讲人：王俊美律师[①]、黄伟霖律师[②]

---

① 王俊美律师，福建旭丰事务所执业律师，法学硕士，厦门市优秀青年律师人才库入库律师，入选福建省青年律师领军人才训练营，厦门市湖里区法律援助中心入库律师，婚姻家庭咨询师，于 2023 年获厦门律师论坛优秀论文一等奖。

② 黄伟霖律师，福建旭丰律师事务所执业律师，法学硕士，厦门市优秀青年律师人才库入库律师，厦门市律师协会企业合规专业委员会委员，厦门市湖里区法律援助中心入库律师，福建旭丰律师事务所 2022～2023 年度履行社会责任先进律师。

热点问题发现

探寻社会中关注度高的热点问题

1. 工程建设领域农民工被欠薪可以寻求的具体方法
2. 工程建设领域农民工薪资问题的相关法律法规
3. 工程建设各相关单位应当如何规范管理农民工工资？

常见问题解答

一问一答为常见法律问题提供指南

问 农民工在法律上如何定义？

答 根据《保障农民工工资支付条例》第2条规定，“农民工”是指为用人单位提供劳动的农村居民。

问 如果农民工面临被欠薪，可以寻求哪些方法解决问题？

答 一是农民工可以申请当地劳动保障部门（通常是劳动保障监察大队）给予帮助。

县级（包括县）以上各级人民政府通常设有劳动保障局，下辖劳动保障监察部门。劳动保障监察部门根据《劳动保障监察条例》第10条第2、第3款规定，有权检查用人单位遵守劳动保障法律、法规和规章的情况;受理对违反劳动保障法律、法规或者规章的行为的举报、投诉。《劳动保障监察条例》第 11 条第 6 款则规定了劳动保障监察部门对用人单位支付劳动者工资和执行最低工资标准的情况实施劳动保障监察。因此,如果用人单位拖欠农民工工资,农民工可以向当地劳动保障监察部门投诉,通过劳动保障监察部门责令用人单位限期支付工资报酬。

二是农民工可以直接向当地劳动争议仲裁委员会申请仲裁。比如,厦门市同安区劳动人事争议仲裁院就为农民工解决工资争议开辟了绿色通道,畅通受理,全程优先调解,优化办案流程,及时裁决和结案,降低农民工的维权成本。

三是农民工可以提起民事诉讼程序。具体分三种情况:(1)劳动纠纷经劳动仲裁后如果任何一方不服裁决的,可以向法院提起诉讼。(2)劳动仲裁裁决生效后,用人单位不履行裁决的,农民工可申请法院强制执行。(3)属于劳务欠款类的争议案件,可直接向法院提起民事诉讼。

以上是农民工维权的一些路径。具体维权过程中,农民工需要留意搜集在单位或工地提供劳动的证据、单位或工地拖欠工资的证据等,否则将承担举证不能的不利后果。

问《民法典》对于农民工薪资问题有什么具体规定吗?

答《民法典》第 807 条规定,发包人未按照约定支付价款的,承包人可以催告发包人在合理期限内支付价款。发包人逾期不支付的,除根据建设工程的性质不宜折价、拍卖外，承包人可以与发包人协议将该工程折价，也可以请求人民法院将该工程依法拍卖。建设工程的价款就该工程折价或者拍卖的价款优先受偿。也就是说，在工程建设领域，承包人可以按照本条规定行使优先受偿权。

建筑行业具有特殊性，建设工程具有不宜恢复原状的特点，建设工程纠纷涉及复杂的利益关系，处理过程中还涉及价款计算等一系列具体操作难题，这些因素交织在一起，使建设工程领域的许多问题长期存在较大争议。《民法典》对于建设工程价款优先受偿权的确定，是对弱势群体利益的倾斜保护，有助于保障农民工的合法权益。

问 除《民法典》外，是否有其他保障农民工权益的法律法规？

答 2020 年 5 月 1 日起施行的《保障农民工工资支付条例》，是我国第一部保障农民工工资权益的专门性法规，开启了法治进程中“依法治欠”的新阶段。《保障农民工工资支付条例》第四章“工程建设领域特别规定”赋予了建设施工总承包单位更多的管理责任，总承包单位在农民工工资方面的相关责任有了实质性的变化，即农民工工资由施工总承包单位先行清偿，不再受建设工程分包行为是否合法以及施工总承包单位是否拖欠工程款等条件的限制。其具体内容主要体现如下：

一是落实用人单位主体责任，细化部门监管职责。提出要坚持市场主体负责、政府依法监管、社会协同监督，压实地方人民政府及其人力资源社会保障、住房城乡建设、交通运输、水利、发展改革、财政、公安等部门的监管责任,发挥工会、共青团、妇联、残联以及新闻媒体作用,强化举报投诉,实现多方共治。

二是规范工资支付行为,坚持源头治理。明确以银行转账或者现金形式支付工资,不得以实物或者有价证券等其他形式替代;要求用人单位按照工资支付周期和具体支付日期足额支付工资,编制书面工资支付台账并至少保存3年。

三是明确工资清偿责任,实行全程监管。在规定用人单位为工资清偿责任主体的基础上,明确了不具备合法经营资格的单位招用农民工、使用违法派遣的农民工、将工作任务发包等特殊情况下的工资清偿责任;规定政府投资项目所需资金必须落实到位,不得由施工单位垫资建设,对拖欠农民工工资的地方视情况约谈政府和部门负责人,情节严重的给予处分。

四是对工程建设领域细化特别规定。规定工程款支付担保、人工费用与工程款分账、工资专用账户、实名制管理、施工总承包单位代发工资、工资保证金等制度。

五是强化监管手段,确保工资支付。明确相关部门监督检查权限,人力资源社会保障行政部门可以查询相关单位金融账户及房产、车辆等情况;建立用人单位劳动保障守法诚信档案和拖欠农民工工资失信联合惩戒制度,对违反条例的行为设定了相应的法律责任。

问 在工程建设领域，建设单位、总承包单位、分（转）包单位等各单位应当如何规范管理农民工工资？

答 工程建设领域的各用工单位务必做好相应的企业合规化管理，规范用工制度，具体如下。

建设单位需要做到以下几点：（1）满足施工所需要的资金安排；（2）向施工单位提供“工程款支付担保”；（3）单独拨付人工费；（4）严禁将工程发包给个人或不具备合法经营资格的单位等。

施工总承包单位需要做到以下几点：（1）进行用工监督管理；（2）缴纳项目工伤险；（3）做到开设和使用农民工工资专用账户，并确保专款专用；（4）存储工资保证金；（5）与农民工订立《劳动合同》并进行用工实名登记；（6）配备劳资专管员；（7）工资代发；（8）先行清偿分包单位拖欠的农民工工资；（9）严禁将工程分包给个人或不具备合法经营资格的单位；（10）进行现场维权信息公示等。

分（转）包单位需要做到以下几点：（1）依法与所招用的农民工订立《劳动合同》并进行用工实名登记；（2）配合施工总承包单位监督管理；（3）制作用工管理台账；（4）对所招用农民工的实名制管理和工资支付负直接责任；（5）按月考核农民工工作量并编制工资支付表，确保农民工本人签字确认；（6）严禁以任何理由扣押或变相扣押农民工本人社会保障卡或银行卡；（7）编制书面工资支付台账并依法保存，同时向农民工提供纸质或电子工资清单。

典型案例分析

以案说法为纠纷处理提供具体的参考

案件名称：党政综合办公室申请强制执行某房地产开发公司、某建设公司、栾某拖欠农民工工资案

审理法院：吉林省某某区人民法院

案例来源：中国裁判文书网

基本案情 2021年6月，被执行人某房地产开发公司与被执行人某建设公司签订《建设工程施工合同》，被执行人某房地产开发公司将某建设项目工程发包给被执行人某建设公司，后被执行人某建设公司又将案涉工程水电劳务工程分包给被执行人栾某，被执行人栾某雇用了刘某等38名工人施工。2022年2月，刘某等38人向申请执行人某党政综合办公室投诉，即日某党政综合办公室受案并展开调查。被执行人某房地产开发公司、某建设公司、栾某均认可尚欠刘某等人共计49万余元。某党政综合办公室对被执行人某房地产开发公司、某建设公司、栾某依法作出责令改正决定书并依法送达。后经催告，三被执行人仍未履行给付义务。

裁判结果 人民法院生效裁定认为，根据《劳动法》第50条、第91条，《劳

动合同法》第30条、第85条,《保障农民工工资支付条例》第12条、第15条,《劳动保障监察条例》第26条,《保障农民工工资支付条例》第30条、第50条的规定,被执行人栾某作为案涉项目劳务承包人,对于所雇佣的农民工工资支付具有直接责任,被执行人某建设公司作为案涉项目施工总承包单位,对于拖欠的农民工工资具有连带清偿义务,被执行人某房地产开发公司作为建设单位,对于拖欠的农民工工资应以未结清的工程款为限依法承担连带清偿责任。因此,三被执行人对于所拖欠38名农民工工资共计49万余元在各自承担责任范围内负有给付义务。催告期满后,三被执行人仍未履行给付义务,申请执行人某党政综合办公室向人民法院申请强制执行符合法律规定,故裁定准予强制执行申请执行人某党政综合办公室作出的《劳动保障监察行政处理决定书》中由被执行人栾某足额支付拖欠农民工工资共49万余元,被执行人某建设公司对被执行人栾某承担连带清偿责任,被执行人某房地产开发公司以未结清的工程款为限对被执行人栾某承担连带清偿责任。

律师分析 为落实《最高人民法院关于为加快建设全国统一大市场提供司法服务和保障的意见》,妥善处理拖欠农民工工资问题,在处理此类案件时,首先要理顺好建设单位、总承包单位、分(转)包单位及不具有相应资质的个人之间的关系。其次,要审查相关单位是否对招聘的农民工实行实名制管理、对农民工工资发放是否履行监督管理职能。最后,要充分运用《保障农民工工资支付条例》及相关法律规定，依法裁定总承包单位、分(转)包单位及不具有相应资质的个人应承担的法律责任，为社会和谐稳定提供有力保障。

Part Seven

第七编 知识产权

7

037

产品的外观设计如何保护？

FM99.6 厦门综合广播《新闻招手停》第 141 期

主持人：海蕾

主讲人：赖丽华律师[1]、林宇翔律师[2]

---

① 赖丽华律师，福建旭丰律师事务所执业律师，福建省律师协会知识产权专业委员会，厦门市律师协会知识产权专业委员会委员，福建旭丰律师事务所知识产权业务部副主任，厦门市中级人民法院调解员，厦门市思明区人民法院调解员，专注于经济类合同、知识产权、公司、小区物业管理等民商事争议，以及知识产权、经济类的刑事辩护。

② 林宇翔律师，福建旭丰律师事务所执业律师，厦门市中级人民法院特邀调解组织调解员，厦门市律师协会会员惩戒工作委员会委员，厦门市律师协会民事执行专业委员会委员，旭丰所能源与环境保护业务部副主任，2023 年获评“厦门市律师行业优秀共产党员”。

热点问题发现

探寻社会中关注度高的热点问题

1. 什么是设计及产品的外观设计？
2. 产品的外观设计获得专利权的条件
3. 产品的外观设计有哪些法律保护途径？
4. 产品的外观设计被侵权时的维权路径

常见问题解答

一问一答为常见法律问题提供指南

问 什么叫作设计或者说产品的外观设计？

答 经百度百科以及在线汉语字典查询得知，设计的意思包括以下几种：一是指设下计谋；二是指根据一定要求，对某项工作预先制定图样、方案；三是指做设计工作的人。产品的外观设计是专利法中的概念，具体是指对产品的整体或者局部的形状、图案或者其结合以及色彩与形状、图案的结合所作出的富有美感并适于工业应用的新设计。

问 产品的外观设计获得专利法保护的条件是什么？

答 根据专利法的规定，产品的外观设计想要申请外观专利保护的条件：首先产品应是工业产品，可以重复生产的；其次设计得有美感，即对产品的整体或者局部的形状、图案或者其结合以及色彩与形状、图案的结合所作出的富有美感的设计；最后设计有新颖性，即外观设计应当不属于现有设计，且与现有设计或者现有设计特征的组合相比，应当具有明显区别。

问 什么设计不能获得专利法保护？

答 根据专利法的规定，不能被授予外观专利权的情形主要有：一是对平面印刷品的图案、色彩或者二者的结合作出的主要起标识作用的设计；二是不能重复再现的固定建筑物、桥梁等，因为需要依靠特殊地理位置；三是形状、图案、色彩不固定的产品的设计，比如，包含有气体、液体及粉末状等无固定形状的物质；四是不能单独使用的局部设计；五是得借助特定的工具才能分辨其形状、图案、色彩的物品；六是自然物原有形状、图案、色彩；七是美术、书法、摄影的作品；八是文字、数字、拼字；等等。

问 产品的外观设计有哪些法律保护途径？

答 从理论上讲，产品的外观设计主要的法律保护途径有：一是外观专利权保护；二是著作权保护；三是商标权保护；四是商业外观保护；五是反不正当竞争保护。

问 什么叫外观专利权保护途径？

答 专利法规定的外观设计是指对产品的整体或者局部的形状、图案或者其结合以及色彩与形状、图案的结合所作出的富有美感并适于工业应用的新设计。它的主要特征是：

1. 权利限定于申请保护的具体产品类型，不涉及不同类型产品的相同或类似设计上，例如，手表外观专利权无法限制他人把相同或类似设计运用到服装上。

2. 权利保护范围以表示在图片或者照片中的该产品的外观设计为准。所以，权利保护范围类似我们房子的红线图，涉及侵权判断时以它为权利基础，而非具体产品。

3. 可以用申请时提交或说明来扩大保护范围，比如，不限定具体颜色进而达到黑白保护产品的外观设计。

4. 外观专利申请是形式审查，权利稳定性低，但高于著作权、商业外观，有面临被无效的可能。

5. 具有排他性，即外观设计一旦获得专利权，在专利法框架下，任何人非经专利权人的许可，不得为生产经营目的制造、许诺销售、销售、进口其外观设计专利产品。

6. 保护年限为15年，自申请日起计算。

问 什么叫著作权保护途径？

答 著作权保护是指产品的外观设计自设计完成之日起如果具有独创性则可能受著作权法的保护。即产品的外观设计除同时满足关于作品的一般构成要件及其美术作品的特殊构成条件外，还应满足其实用性与艺术性可以相互分离的条件，才能受到著作权法的保护。它的主要特征：

1. 有独创性。著作权法规定的作品是指文学、艺术和科学领域内具有独创性并能以一定形式表现的智力成果。可见，著作权法保护的是作者具有独创性的表达，而不保护作品所反映的思想。

2. 有实用性。如前所述产品的外观设计，前提是作用于产品上，自然要求有实用性，这也是与其他受到著作权法保护的作品所不同之处。

3. 有可复制性。如前所述产品的外观设计，前提是作用于产品，自然要求有可复制性。

4. 有艺术性。如前所述产品的外观设计，更得富有美感。事实上，符合这一要求的产品外观设计，大多是实用艺术品，如“唐韵衣帽间家具”，该家具的艺术美感主要体现在板材花色纹路、金属配件搭配、中式对称等设计上，通过在中式风格的基础上加入现代元素，产生古典与现代双重审美效果。

5. 保护年限上，如是自然人的作品，为作者终生及其死亡后 50 年，如是法人或者非法人组织的作品、著作权（署名权除外）由法人或者非法人组织享有的职务作品，其发表权的保护期为 50 年，截止到作品创作完成后第 50 年的 12 月 31 日，而其他著作权的权利保护期为 50 年，截止到作品首次发表后第 50 年的 12 月 31 日，但作品自创作完成后 50 年内未发表的，不再受著作权法的保护。

6. 作品自创造完成之日起自动受到著作权法的保护，可是创造完成的留痕证据不必然被固定下来，时常出现权利人无法证明其权利基础，因此权利人稳定权利基础的做法是尽快申请著作权备案。

问 什么叫商标权保护途径？

答 商标权保护是指将产品的外观设计以产品整体外观申请立体商标，或以产品外观上的图形、颜色或它们的结合申请商标。它的主要特征：

1. 权利限定于申请保护的具体产品或者服务项目上，比如，申请人是在家具商品上申请商标，其他人在电脑商品使用相同的商标图案，是不侵犯其商标权。

2. 有显著性。根据商标法的规定，申请注册的商标，应当有显著特征、便于识别，即任何能够将自然人、法人或者其他组织的商品与他人的商品区别开的标志，包括文字、图形、字母、数字、三维标志、颜色组合和声音等，以及上述要素的组合，均可以作为商标申请注册。因此，如果产品的外观设计不符合显著性要求，有被驳回的风险。

3. 商标保护年限为 10 年，自核准注册之日起计算。而且，有效期满需要继续使用的，商标注册人可以在期满前 12 个月内办理续展手续；在此期间未能办理的，可以在给予 6 个月的宽展期办理。每次续展注册的有效期为 10 年，自该商标上一届有效期满次日起计算。

问 什么叫商业外观保护途径？

答 商业外观的概念来源于美国知识产权法条款中的“Trade Dress”，一般指商品的形状、包装、装潢，也指餐饮等服务行业的场所、服式等整体形象。

在我国主要的法律依据是《反不正当竞争法》第6条第1项的规定，即经营者不得擅自使用与他人有一定影响的商品名称、包装、装潢等相同或者近似的标识，若引人误认为是他人商品或者与他人存在特定联系，则构成仿冒的不正当竞争行为。它的主要特征：

1. 有标识性。商业外观即包装、装潢只有在消费者看到商品或者服务时，可以不通过看商标而是看包装、装潢就能识别是哪家经营者提供的商标或者服务时，才可能受到反不正当竞争法的保护。

2. 有一定影响。商业外观要受到反不正当竞争法的保护，除了要求标识性或者显著性外，还有一定影响，而且两者是相互关联的，即标识性强时，一定影响力要求低些；标识性弱些，一定影响力要求就高些。

由此可知，不是所有产品的外观设计都可以通过商业外观来保护的。其内在的法律逻辑是：通说认为反不正当竞争法是专利法、商标法、著作权法这三部知识产权特别法的兜底法，理论上讲如果特别法给予保护了，那么兜底法就不再给予保护。

问 什么叫反不正当竞争保护途径？

答 如前所述观点的反向思维，如果《专利法》《商标法》《著作权法》无法保护到某个产品的外观设计，那么根据《反不正当竞争法》的规定，经营者在生产经营活动中，如果存在违反自愿、平等、公平、诚信的原则，不遵守法律和商业道德，扰乱市场竞争秩序，损害其他经营者或者消费者的合法权益的行为，权利人可以不正当竞争为由主张经营者涉嫌不正当竞争侵权。它的主要特征：

1. 以《反不正当竞争法》第 2 条诉请产品的外观设计被他人不正当竞争，理论上是在无法用《商标法》《专利法》《著作权法》《反不正当竞争法》规定的具体不正当竞争行为来诉求侵权人的侵权行为时才适用。

2.《反不正当竞争法》第 2 条是原则性条款，只能是产品的外观设计的权利人主动要求适用，否则司法机构不宜主动适用，因为该条款是作为知识产权法及《反不正当竞争法》规定的具体不正当竞争条款的兜底条款存在，应有谦抑性。

3.《反不正当竞争法》第 2 条保护的是经营者、消费者的合法权益，以及公平竞争的社会公共利益在内的多元利益，社会公共利益是根本利益。因此，当产品的外观设计无法得到知识产权法以及《反不正当竞争法》规定的具体不正当竞争行为的条款保护时，可以运用《反不正当竞争法》第 2 条破局，但是是否得到支持，需要法官运用比例原则和利益衡量原则，对于不同受损法益进行考评。例如，深圳市中级某民事判决中法院认为，虽然上诉人刮码行为妨碍了被上诉人的对内管理，对被上诉人的利益造成了一定损害，但根据比例原则和利益衡量原则，该行为并未损害消费者利益，也未达到对竞争环境、竞争秩序产生不利影响的程度，无须适用《反不正当竞争法》进行规制。

问 产品的外观设计被侵权时有哪些维权路径？

答 产品外观设计在初始阶段所选择的法律保护途径各异，这会对后续遭遇侵权时的维权路径产生影响，具体情形如下：

外观专利权：若未经专利权人许可而实施其专利，此行为即构成对专利权的侵犯。一旦引发纠纷，首先可由当事人自行协商解决；若当事人不愿协商，或者协商未能达成一致，专利权人或者利害关系人既可以向人民法院提起诉讼，也能够请求管理专利工作的部门进行处理。

商标权：当出现《商标法》第 57 条中所列举的侵犯注册商标专用权的行为之一，并由此引发纠纷时，同样先由当事人协商解决；若协商无果，商标注册人或者利害关系人可以向人民法院起诉，也可以请求有关行政管理部门介入处理。

著作权：未经著作权人许可而实施其权利，便属于侵犯著作权的行为。因该侵权行为引发纠纷后，依旧先由当事人协商解决；若不愿协商或协商不成，著作权人或者利害关系人可直接向人民法院提起诉讼。

商业外观权：权利人有权申请监督检查部门责令停止违法行为。当然，当事人也可以自行进行调解，或者向人民法院提起诉讼。

综合情形：倘若上述几种权利均无法对产品外观设计提供有效保护，依据《反不正当竞争法》的规定，当事人仅能依据该法第 2 条的原则性规定向人民法院起诉。虽然不排除当事人自行调解的可能性,但通过行政途径处理难度较大,这是因为此种维权路径在法律技术层面难度颇高,且当前尚无明确的法律规定作为支撑。

038

商标近似的判断与应对策略

FM99.6 厦门综合广播《新闻招手停》第 142 期

主持人：海蕾

主讲人：林鹏垚律师①、林婷律师②

热点问题发现

探寻社会中关注度高的热点问题

1. 为什么会出现商标近似的问题？

2. 如何判断商标是否近似？

---

① 林鹏垚律师，福建旭丰律师事务所执业律师，厦门市中级人民法院调解员，厦门市知识产权协会律师专业委员会委员，专业领域为知识产权、民商事、破产清算。

② 林婷律师，福建旭丰律师事务所执业律师，专注领域为民商事争议解决、公司法律风险防控、建设工程、知识产权等领域，为多家企业单位提供诉讼与非诉法律服务。

3. 发现商标近似该如何处理？
4. 怎么避免商标近似？
5. 商标近似的相关案例

常见问题解答

一问一答为常见法律问题提供指南

问 什么是商标近似？

答 商标近似，是指两个或多个商标在文字、读音、含义、图形、颜色、整体结构、立体形状以及颜色组合等构成要素层面，存在一定程度的相似之处。这种相似足以致使相关公众在施以一般注意力时，容易对商品或服务的来源产生混淆、误认，或者认为它们之间存在特定关联。

问 如何判断近似商标？

答 判断商标是否近似，通常基于以下几个关键要素和步骤：

相关公众视角：以一般消费者或相关公众的"一般注意力"作为判断基准，模拟普通人在购买商品或接受服务时，对商标的第一印象和快速识别能力。

整体与部分比对：对商标进行整体观察，审视其视觉效果是否相似，是否可能引发混淆；同时，对商标的主要部分（如显著性特征）展开单独比较，这部分内容往往对消费者的认知起着决定性作用。

混淆可能性:核心在于判断两个商标的共存,是否可能使相关公众对商品或服务的来源产生误认,或者认为两者之间存在某种关联(如授权、系列品牌等),这涉及商标的识别力、显著性以及在实际市场中的使用状况。

问 发现商标近似该如何处理?

答 确认近似情况:对对方申请的商标展开全面比对,必要时可寻求专业律师和代理机构帮助。

关注申请进程:涵盖申请日期、类别、公告日期等信息,定期查阅商标公告。

提出异议或无效宣告申请:若处于公告期内,及时向商标局提交异议申请;若商标已注册,则向国家知识产权局商标局提起无效宣告申请,且均需提供翔实证据。

协商沟通:尝试与对方商标申请人进行协商,寻求和解方案。

司法途径:若其他手段均无效,可向人民法院提起商标侵权诉讼。

问 怎么避免商标近似?

答 精心设计商标:挑选独特且具有显著性的标识,避免使用行业通用词汇等,确保原创性和辨识度,防止与知名品牌相似。

全面商标检索:在提交申请前,查询商标数据库,覆盖所有相关类别,重点关注显著部分,准确理解查询结果,并持续进行监控。

寻求专业帮助：当对近似判断存在不确定性时，可以咨询专业律师或代理机构进行专业评估。

考虑防御和联合商标：注册防御商标和联合商标，扩大保护范围，定期监控商标公告，及时处理近似商标。

问 商标近似问题为何会出现？

答 商标近似问题的出现，主要源于以下因素：

市场竞争与模仿策略：在激烈的市场竞争中，部分企业企图借助知名商标的商誉来吸引消费者，有意或无意地注册近似商标，这种现象在热门行业尤为常见。

创意局限与巧合：商标设计受到语言文字、图形元素等方面的限制，创意上的巧合可能导致不同主体创造出相似的商标，尤其是在词汇和常用图形元素有限的情况下。

商标命名与行业惯例：某些行业的商标命名习惯和表达方式趋于相同，这增加了商标近似的可能性。

商标抢注行为：恶意抢注者提前注册近似商标，待价而沽或敲诈合法商标权人，这加剧了问题的复杂性。

商标注册制度特点：我国采用“先申请制”，虽然这一制度鼓励尽早申请，但可能引发同期对相似商标概念的申请冲突。

商标检索不充分：申请人未全面检索在先商标，容易提交近似申请。

商标保护意识不足：部分企业或个人对商标法律知识了解不够深

入,在设计商标时未突出独特性与显著性,容易产生近似商标。

问 发现有人申请近似商标,如何确认其近似情况?

答 需要从多个方面对对方申请的商标进行详细比对,包括文字、图形、颜色、整体视觉效果、发音、含义等。必要时,应当寻求专业知识产权律师或代理机构的帮助,进行专业评估,以便准确判断是否构成法律意义上的近似商标。

问 自行注册商标时,如何通过官方途径查询近似商标?

答 可以在中国商标网进行查询。根据商标类型选择相应的查询方式,输入要注册的商标名称、图形描述及对应类别后提交查询请求,系统将返回可能构成近似的在先注册商标或在先申请商标信息。

问 商标近似判断中有哪些特殊情况需要注意?

答 当商标包含特定元素(如地理名称、行业通用词等)时,对这些元素的近似判断需要结合具体语境和公众认知。同时,注册商标的显著性和知名度也会对近似判断产生影响,高知名度商标可能获得更广泛的保护。

问 如何通过协商解决商标近似问题?

答 若发现近似商标,可以尝试与对方商标申请人进行沟通协商。例如,可以提议对方自愿撤回申请、修改商标设计、限制使用范围等。协商成功能够快速、低成本地解决问题,但最终结果取决于对方的配合意愿。

问 在商标近似纠纷中，司法途径的具体流程是怎样的？

答 若选择司法途径，企业需要向人民法院提起商标侵权诉讼，在诉讼中证明对方商标的使用行为构成侵权，并且损害了自身商标权益。这需要提供充分的证据，如商标注册证明、使用证据、市场影响力证明、消费者混淆实例等，整个过程需要遵循司法程序的相关规定。

问 在商标注册过程中，如何理解商标保护的类别性？

答 商标保护具有类别性，同一商标在不同类别中可能由不同主体注册。因此，在查询近似商标时，需要确保在所有拟使用或可能扩展到的商品或服务类别中进行全面查询，避免因类别差异导致商标近似问题被忽视。

问 如何理解商标查询结果中的近似商标信息？

答 查询结果可能包括直接相同及可能构成近似的商标。需要结合商标近似判断原则（如整体观察、主要部分比对、混淆可能性等）仔细分析，评估自身商标是否可能被认定为近似。同时，要注意查询仅反映当时的状态，需要持续监控。

问 商标监控的重要性体现在哪些方面？

答 商标监控至关重要，它能够及时发现新的近似商标申请。在商标申请过程及注册后定期进行监控，可以使企业或个人采取相应对策，如对新出现的近似商标提出异议，有效保护自身商标权益，防止他人恶意注册或使用近似商标造成混淆。

问 注册防御商标和联合商标有何意义?

答 注册防御商标(如在不同类别的商品或服务上注册同一商标)和联合商标(与主商标相似但有所区别的系列商标)可以扩大商标保护范围。防御商标能够防止他人在其他类别注册近似商标从而损害主商标的权益,联合商标则增强对主商标的保护,避免他人利用相似商标进行混淆性使用,有助于维护品牌形象和市场竞争力。

典型案例分析

以案说法为纠纷处理提供具体的参考

案件名称:苹果与三星“滑动解锁”图形商标争议

基本案情 苹果公司拥有一项“滑动解锁”图形商标,表现为手指滑动动作。三星公司在其手机上使用了类似滑动解锁图形界面。

法院观点 法院经审理认为,两者虽均为手指滑动解锁图形表示,但在设计细节、颜色搭配、背景元素等方面存在明显区别,整体视觉效果有差异。此外,考虑到滑动解锁功能已成为智能手机通用操作方式,相关公众更多关注其功能性而非作为区分商品来源的标志。

裁判结果 裁定三星公司的滑动解锁图形与苹果公司的商标不构成近似。

律师分析 此案例表明在商标近似判断中，商标标识本身的相似性并非唯一考量因素，还需综合考虑相关公众的认知习惯、商品或服务的功能特点等。即使图形表现形式有一定相似，但若整体视觉效果和消费者认知上不易产生混淆，也可不认定为近似商标，体现了商标法对商标权人权益保护与市场通用功能使用之间的平衡。

典型案例分析

以案说法为纠纷处理提供具体的参考

案件名称："康师傅"与"康帅傅"商标纠纷案例

基本案情 知名方便面品牌"康师傅"发现市场上存在名为"康帅傅"的同类产品，其商标在文字构成、排列方式上与"康师傅"极为相似。

法院观点 法院认为，"康师傅"与"康帅傅"两商标在文字构成上仅一字之差，且"帅"与"师"字形相近，容易引起消费者混淆。同时，考虑到"康师傅"商标的极高知名度，相关公众很可能将"康帅傅"误认为是"康师傅"的衍生品牌或系列产品。

裁判结果 认定"康帅傅"商标与"康师傅"商标构成近似，构成商标侵权。

律师分析 该案例凸显了商标文字构成、字形相近及高知名度商标在近似判断中的重要影响。对于具有较高知名度的品牌，法律给予更广泛保护，防止其他商标利用相似性误导消费者，维护市场秩序和消费者权益，警示企业重视商标保护，避免侵权行为。

典型案例分析

以案说法为纠纷处理提供具体的参考

案件名称：公司商标被近似商标驳回（员工抢注）

基本案情 某公司一直使用未注册的商标，后在注册时发现被以前员工擅自注册，导致公司商标申请被驳回。

律师分析 公司商标被驳回是因前员工不正当抢注。根据《商标法》相关规定，公司可对在先抢注商标提起无效宣告申请，提供相关证据证明抢注事实，如该员工曾在公司任职且知晓商标使用情况等证据。

处理结果及建议 若成功将在先注册商标无效，公司商标就不存在在先权利阻碍，可顺利注册。这提示企业要增强商标保护意识，及时注册自有商标，并对员工进行知识产权相关培训，防止类似抢注事件发生。

039

聊聊你我身边的专利战：如何保护专利

FM99.6 厦门综合广播《新闻招手停》第 143 期

主持人：海蕾

主讲人：罗淞律师①、陈槐萱实习律师

热点问题发现

探寻社会中关注度高的热点问题

1. 什么是专利？

2. 专利的类型有哪些？

① 罗淞律师，福州大学法学院法律硕士，福建旭丰律师事务所专利代理师，福建旭丰律师事务所网络与电子商务业务部副主任，厦门市优秀青年律师人才信息库入库律师，厦门市中级人民法院特邀调解员，思明区人民法院特邀调解员，厦门市知识产权协会知识产权律师专业委员会委员。

3. 什么是国际专利？
4. 什么是海牙体系？
5. 专利侵权行为有哪些？
6. 什么是专利无效？

常见问题解答

一问一答为常见法律问题提供指南

问 什么是专利？

答 专利在现代一般是由政府机关或者代表若干国家的区域性组织，根据申请而颁发的一种确认权利的文件，申请专利作为一种法律保护手段，旨在保护发明创造、促进技术创新和维护市场秩序。专利具有以下三个特点：

第一，专利具有独占性，由国家专利主管机关授予，允许专利权人在一定时间内对其发明创造进行独占性使用、生产、销售等。任何人要实施专利，除法律另有规定的以外，必须得到专利权人的许可，并按双方协议支付使用费，否则就是侵权。

第二，专利具有时间性，只有在一定期限内有效，专利期限届满后专利权就不存在，专利技术进入公众领域，任何人都可以自由使用。不同国家对专利保护期限规定不同，不同专利类型的保护期限也不同。

第三，专利具有地域性，一个国家依照其本国专利法授予的专利权，仅在该国法律管辖的范围内有效，而对其他国家则不具有法律的约束力，其他国家不承担任何保护义务。因此，如果申请人有海外市场需求，不仅要及时申请国内专利，还应该不失时机地在拥有良好市场前景的其他国家和地区申请专利，否则国外市场就得不到相应的专利保护。

问 专利的类型有哪些？

答 目前，我国的专利类型包括发明专利、实用新型专利和外观设计专利。不同类型专利的保护客体、审查标准和保护期限不同。

发明专利是指对产品、方法或者其改进所提出的新的技术方案。发明需要进行初步审查和实质审查，审查周期较长，对创造性的要求比较高，因此，发明专利的稳定性更好，不容易被宣告无效。发明专利的保护期限也比较长，达到20年。

实用新型专利是指对产品的形状、构造或者其结合所提出的适于实用的新的技术方案。也就是说，只有结构类产品可以申请实用新型。实用新型专利只进行初步审查，对创造性的要求较低，更容易获得授权。因此，实用新型专利的稳定性相对较差，如果要通过实用新型专利进行维权，需要提供专利权评价报告。实用新型专利的保护期限为10年。

外观设计专利是指对产品的形状、图案或其结合以及色彩与形状、图案的结合所做出的富有美感并适于工业应用的新设计。产品的外形或外包装等都可以申请外观设计专利。另外，像一些App的界面设计也可以申请外观设计专利。外观设计专利同样也只需要进行初步审查，授权时间短,授权概率高。外观设计专利的保护期限为15年。

问 什么是国际专利?

答 专利的保护是有地域性的,要在希望受到专利保护的国家或地区提交专利申请,才能获得相应的保护。但是如果向每个国家挨个提交申请,则费时费力费钱。此时,申请人可以选择进行PCT国际申请。PCT是《专利合作条约》的简称。PCT国际申请是指依据《专利合作条约》提出的专利保护申请。目前已经有157个国家加入了PCT条约,包括我国。经由PCT途径,可以申请发明和实用新型专利,但是不能申请外观设计专利。

PCT国际申请分为国际申请阶段和国家申请阶段。国际申请阶段为:向世界知识产权组织(WIPO)提出PCT国际申请,在形式审查合格后,进行国际公布。国家申请阶段为:申请人在固定的期限内,以该PCT国际申请为基础,在PCT成员国提出进入国家阶段的请求,形成国家阶段申请,相当于在该国正式提出专利申请。国家阶段申请经该国专利局审查通过,即可在该国获得专利权。

有个别商家会拿着国际申请的公布文本,对外宣称自己是有“国际专利”,实际上,只要PCT国际申请符合了相关形式要求,都会进行国际公布,获得国际公布文本。PCT国际申请本身不产生专利权。只有在进入国家申请阶段,并由各个国家审查合格后才能获得专利权。

问 什么是海牙体系？

答 工业品外观设计国际注册体系被称为“海牙体系”，海牙体系是基于《工业品外观设计国际注册海牙协定》构建的，该协定由海牙文本（1960年）和日内瓦文本（1999年）组成。

对于外观设计专利，我国已经加入了海牙协定，并于2022年5月正式生效，中国企业可以依据海牙协定提交外观设计专利的国际申请。目前，海牙体系有96个国家，79个缔约方。通过海牙体系，申请人能够通过一份申请、用一种语言（英语、法语或西班牙语）、用一种货币（瑞士法郎）缴纳一份费用，即可在90多个国家或地区注册多达100项属于同一类别产品的外观设计。从而无须逐一向多个国家提交申请，在降低成本的同时也简化了流程。

海牙体系与PCT国际申请在流程上具有一定区别，海牙体系需要在提交申请时指定缔约方，也就是说在申请时就要确定好需要保护的国家或地区。申请人向国际局提交海牙申请后，国际局在形式审查合格后会进行国际注册公布。一旦外观设计专利国际注册公布后，被指定的缔约方的主管局会直接进行实质性审查，无须申请人额外进行操作。对于符合缔约方法律规定的外观设计，会作出保护声明，而对于不符合缔约方法律规定的保护实质要件的外观设计，每个被指定缔约方的主管局都可以驳回在其管辖区域内的保护请求。

问 专利侵权行为有哪些？

答 专利侵权行为，是指在专利权有效期限内，行为人未经专利权人许可，也没有法定的抗辩或免责事由，以生产经营为目的实施或假冒他人专利的行为，无论行为人是否知晓该专利。这里的实施是指制造、使用、许诺销售、销售和进口专利产品或者使用专利方法，以及使用、许诺销售、销售和进口依照该专利方法直接获得的产品。例如，某灯具厂在不知情的情况下收到A公司的委托，要求生产B公司享有专利权的灯具，如果A公司没有经过B公司的授权许可，则A公司和灯具厂均构成专利侵权。再如，A公司在国内享有一种中药片剂的制备方法的专利权，但该制备方法在国外未获得专利权，B公司在国外根据A公司的专利方法制造了一批中药片剂，虽然B公司的行为不侵权，但是若C公司从国外进口该批中药片剂至国内，则C公司仍然构成专利侵权。

但是，如果使用或者销售不知道是未经专利权人许可而制造并售出的专利产品或者依照专利方法直接获得的产品，能证明其产品合法来源的，不视为侵犯专利权。例如，销售商甲从制备商乙处购买了一批空调进行销售，其事先并不知道他人享有对该空调的专利权。虽然销售商甲依然构成了侵权，但是可以免除赔偿责任。另外，以下行为不构成专利侵权行为：在专利申请日之前已经制造相同产品、使用相同方法或者已经做好制造、使用的必要准备，并且仅在原有范围内继续制造、使用的；临时通过中国领土、领水、领空的外国运输工具，依照其所属国同中国签订的协议或者共同参加的国际公约，或依照互惠原则，为运输工具自身需要而在其装置和设备中使用有关专利的；专为科学研究和实验而使用有关专利的。

问 专利无效是什么？

答《专利法》第45条规定，自国务院专利行政部门公告授予专利权之日起，任何单位或者个人认为该专利权的授予不符合本法有关规定的，可以请求国务院专利行政部门宣告该专利权无效。也就是说，对于已授权的专利，任何单位或者个人，包括专利权人自己，认为专利权的授予不符合《专利法》有关规定而不能取得专利权的，均可以向专利复审和无效审理部提交相关材料，请求宣告该专利权无效。对专利提起无效请求是应对专利侵权诉讼的有利武器。一旦专利被宣告无效，专利侵权诉讼的权利基础便不复存在。

《专利法》及《专利法实施细则》中涉及的无效宣告具体理由条款比较多，在专利无效的实务中，比较常用的理由有：权利要求缺乏创造性；权利要求缺乏新颖性；权利要求不清楚；权利要求缺少必要技术特征；权利要求得不到说明书的支持；说明书公开不充分。

专利无效宣告流程为：

1. 提出无效宣告请求：向国家知识产权局专利复审和无效审理部提出无效请求，要求提供具体的无效理由和证据，并在1个月内期限内缴纳相关的费用。在提出无效请求的1个月内可以补充新的理由和证据。

2. 受理立案：专利复审和无效审理部收到无效宣告请求人的专利无效宣告请求后，符合立案要求的，进行立案，并把有关文件送达给专利权人。专利权人可以在指定期限内针对无效宣告请求人的无效理由进行权利要求的修改和意见陈述，这个期限一般为 1 个月。当然，专利权人也可以放弃修改和意见陈述的机会。

3. 组成合议组：经形式审查合格后受理的无效请求案件，专利复审和无效审理部组成合议组，对该案件进行审理。合议组一般为三人，包括组长、主审员和参审员，由三人共同进行审理。

4. 口审：无效请求案件有必要进行口审的，专利复审和无效审理部门发出口头审理通知，指定日期开庭口审。无效宣告请求人必须参加口审，否则视为撤回无效宣告请求申请。专利权人可以参加口审，也可以缺席口审。

5. 无效宣告审查决定：专利复审和无效审理部对宣告专利权无效的请求进行书面审查和口头审理以后，做出无效宣告审查决定，无效宣告审查决定可以是：全部无效、部分无效或维持有效。全部无效即整件专利被宣告无效，部分无效即部分权利要求被宣告无效。

例如，共有 10 条权利要求，其中权利 1、2 和 3 被宣告无效，其他 7 条权利要求维持有效。无效请求人和专利权人对无效宣告审查决定不服的，可以在收到通知书的 3 个月内向北京中级人民法院起诉，3 个月内未起诉的，无效宣告审查决定生效。

问 我们公司设计了一款新产品，但是还没有上市，想要申请专利，尽早获得申请号，但是又害怕专利公开后被竞争对手仿制，有什么解决方法吗？

答 根据新修改的专利审查指南，申请人可以对专利申请提出延迟审查请求。发明专利请求延迟审查的，延迟期限为自延迟审查请求生效之日起1年、2年或者3年。实用新型专利请求延迟审查的，延迟期限为自延迟审查请求生效之日起1年。外观设计专利请求延迟审查的，延迟期限以月为单位，最长延迟期限为自延迟审查请求生效之日起36个月。申请人可以根据产品的上市时间选择合适的延迟期限，从而缩短专利公开与产品上市之间的时间差，有效避免竞争对手的仿制。

问 我申请的专利被驳回后，有什么补救措施吗？

答 申请人可以在接到驳回通知3个月内向国家知识产权局提出复审请求，提出复审请求时，申请人可以根据驳回意见通知书中指出的驳回理由对申请文件进行修改和意见陈述。例如，驳回通知书指出技术方案不具备创造性，在复审请求中可以对权利要求进行修改，增加与对比文件的不同的技术特征，并以此为基础充分阐述方案具有创造性的理由。专利复审和无效审理部会对驳回专利进行合议审查，若认为驳回意见通知书中的理由错误或已经被克服，则会撤销驳回决定。若认为仍未克服驳回意见通知书中的缺陷，则会维持驳回决定。

问 公司被人投诉专利侵权,应该如何应对?

答 首先,对于确实存在侵权可能性的,建议可以通过和解赔偿、交叉许可等方式积极协商;其次,对于构成侵权行为有不同意见的,可以现有技术(设计)未落入专利权保护范围、不以生产经营为目的、权利用尽、先用权、临时过境,专为科学研究和实验、药品和医疗企业行政审批等法律规定的情形进行不侵权抗辩;最后,对于专利的新颖性、创造性有不同意见的,可以向专利局提起宣告专利无效或部分无效的请求。

典型案例分析

以案说法为纠纷处理提供具体的参考

案件名称:杭州某光电科技公司与福州某科技公司、福州某光电公司侵害发明专利权纠纷案

案号:(2021)最高法知民终1491号

审理法院:最高人民法院

案例来源:中国裁判文书网/2023年度福建法院知识产权司法保护十大案例

基本案情 杭州某光电科技公司作为"一种自动聚焦装置及系统"发明专利的专利权人,该专利涵盖12项权利要求,目前均处于有效状态,

且已缴纳第六年年费。该公司主张的专利权保护范围为权利要求1、2、5、6、7。杭州某光电科技公司通过公证购买了福州某科技公司销售、福州某光电公司制造的显微镜产品。一审庭审中，杭州某光电科技公司现场操作该产品进行演示比对，双方确认，图像处理、聚焦值算法及其交互均通过产品内置的微控制芯片实现。福州某光电公司称该芯片系其与案外人合作开发。经法庭询问，福州某光电公司以杭州某光电科技公司未举证证明其产品落入专利权保护范围为由，拒绝提交关于该产品芯片的技术资料，仅在庭后向一审法院提交一份技术路线说明。福州中院一审判决福州某光电公司和福州某科技有限公司立即停止侵害杭州某光电科技有限公司发明专利权的行为，并赔偿经济损失100万元。一审判决后，福州某光电公司和福州某科技有限公司提起上诉，最高人民法院二审判决驳回上诉，维持原判。

法院观点 福州中院一审观点：福州中院一审依据《最高人民法院关于知识产权民事诉讼证据的若干规定》第2条、第5条规定，在本案技术比对过程中，被诉侵权产品通过软件代码实现的技术过程难以从演示情况直观获知其技术手段及实现过程。技术方案中的技术特征是通过特定技术手段实现特定功能、达到特定效果的技术单元，是“手段—功能—效果”的统一体。在技术手段无法直观获取时，若被诉侵权技术方案基本满足专利技术方案限定或本领域普通技术人员可推知的功能或效果，且能合理推断某种技术手段可实现该功能或效果,则控制、掌握相应技术资料的一方对具体技术手段负有举证责任。否则,依据前述司法解释规定,可作出对其不利的推定。经比对,被诉侵权产品能够实现涉案专利限定的功能和效果,本领域技术人员可合理推断其采用了专利限定的技术手段。在福州某光电公司拒绝提交客观技术资料的情况下,应认定被诉侵权产品使用的技术方案具备涉案专利相关权利要求限定的全部技术特征,落入专利权的保护范围。在赔偿数额确定方面,考虑到涉案专利所涉及的聚焦结构及算法是被诉侵权产品的重要组成部分,对产品整体利润贡献度高;被诉侵权产品中使用的芯片系与他人合作开发的定制化芯片,并非按需采购的通用芯片,可证明针对该产品已形成相当的经营规模,综合确定赔偿数额为 100 万元。

最高人民法院二审观点:最高人民法院二审认为,在专利侵权纠纷中,若被诉侵权技术方案中的相关技术手段无法直接通过观察被诉侵权产品获知,但经对被诉侵权产品的演示和比对,已合理表明其能够实现涉案专利所要实现的功能和达到的技术效果,应认定专利权人已完成初步举证责任;被诉侵权人主张被诉侵权技术方案不具有涉案专利中的相应技术特征的,应当提交反证予以证明,无正当理由拒不提交的,应当承担举证不能的不利后果。经比对,一审法院认定被诉侵权产品具备权利要求中的全部技术特征,并无不当。

裁判结果 判令福州某光电公司和福州某科技有限公司立即停止侵害杭

州某光电科技有限公司发明专利权的行为并赔偿杭州某光电科技有限公司经济损失 100 万元。

典型意义　在技术类知识产权案件审理中，技术资料的获取与举证责任分配是审理难点。一般情况下，作为原告的权利人难以掌握被诉侵权行为人实现特定技术过程的资料，而被诉侵权行为人常以原告负有举证责任为由，拒不提交能查明技术事实的客观资料。此时，法官需充分发挥法律赋予的举证责任分配职能，依据权利人举证情况、双方举证能力、已查明的技术事实等，公平合理地分配举证责任。既不能机械适用“谁主张、谁举证”原则，使被诉侵权行为人借此逃避侵权责任；也不能毫无前提地转移举证责任，适用非法定的举证责任倒置，损害被诉侵权行为人的合法诉讼权益。本案所涉专利技术方案包含软件算法，如何认定算法及其过程是本案的审理焦点。本案的审理在一定程度上厘清了此类案件中分配举证责任的原则，具有典型意义，体现了人民法院加大知识产权保护力度，依法支持、鼓励创新的司法取向。

律师分析　在法律适用与举证责任分配上，一、二审法院裁判思路清晰、严谨。依据《最高人民法院关于知识产权民事诉讼证据的若干规定》，当被诉侵权技术方案中的技术手段无法直观获取，但从演示情况可推断其能实现专利技术方案的功能与效果时，控制相关技术资料的福州某光电公司应承担举证责任，以证明其未采用专利限定的技术手段。这一规定突破了传统“谁主张、谁举证”的机械适用，充分考虑了知识产权案件中技术事实查明的特殊性及双方的举证能力。法院认为，专利权人通过演示和比对已完成初步举证责任，即表明被诉侵权产品具备涉案专利要求的功能和效果，此时举证责任转移至被诉侵权方。被诉侵权方无正当理由拒不提交技术资料，应承担举证不能的不利后果，进而认定侵权成立。这种举证责任的动态分配机制，既保障了专利权人的合法权益，使其在难以获取内部技术资料时仍有机会证明侵权事实；又防止了被诉侵权方利用技术资料隐匿逃避法律责任，体现了法律的公平与公正。

从更宏观的司法价值取向看，本案彰显了人民法院在知识产权保护中的积极作为与坚定立场。在技术创新日新月异的时代，软件算法等技术元素在专利中的比重日益增加，此类案件的处理模式为众多技术类知识产权纠纷树立了典范，为当事人在专利保护与侵权应对策略上提供了重要的启示与指引。通过合理分配举证责任，加大对侵权行为的打击力度，法院鼓励创新主体积极投入研发，同时警示市场主体尊重他人知识产权，避免侵权行为，从而营造良好的知识产权保护生态环境，促进整个社会的科技进步与经济健康发展。

040

浅析科创型企业知识产权的运用与运营

FM99.6 厦门综合广播《新闻招手停》第 144 期

主持人:海蕾

主讲人:苏礼墩律师[1]、黄世民律师

热点问题发现

探寻社会中关注度高的热点问题

1. 新《公司法》框架下,科创型企业如何以知识产权作价入股?

---

① 苏礼墩律师,福建旭丰律师事务所高级合伙人,最高人民检察院行政民事咨询专家,厦门/福州/漳州仲裁委员会仲裁员,中华全国律协房地产与建设工程专业委员会委员,福建省律师协会建设施工专业委员会副主任,厦门市律师协会知识产权专业委员会副主任。

2. 科创型企业设立及运营时会面临什么知识产权风险?

3. 科创板对欲上市企业的知识产权评审重点主要是哪些?

4. 科创型企业拟上市前应当如何做好的知识产权布局?

常见问题解答

一问一答为常见法律问题提供指南

问 什么是科创型企业?

答 科创型企业,即科技创新型企业,通常是指聚焦于科学技术创新与应用的企业。此类企业主要通过创造并运用新知识、新技术、新工艺,以及采用全新的生产与经营管理模式,来开发新产品、提升产品质量和提供新服务。在节能环保、生物医药、新兴信息产业、高端装备制造、新材料产业等高新技术产业和战略性新兴产业领域,科创型企业发挥着关键作用。例如,我们日常生活中熟知的华为、小米、宁德时代等,均属于科创型企业。

问 知识产权是否可以认定为公司资产?能否以知识产权作价出资?

答 可以。尤其是在2023年12月30日新《公司法》颁布后,人们对于以知识产权出资事宜给予了更高的关注度。新《公司法》第47条规定:

“有限责任公司的注册资本为在公司登记机关登记的全体股东认缴的出资额。全体股东认缴的出资额由股东按照公司章程的规定自公司成立之日起五年内缴足。”由此,新《公司法》将此前公司注册资本“认缴期限无限制”调整为“五年限期实缴制”。这就要求正在筹备设立的公司,需依据自身实际情况重新权衡确定注册资本金,因为较高的注册资本会加大未来5年内实缴的资金压力。对已成立的公司而言,则需根据公司实际经营状况,选择补缴、减资或注销不再经营的公司等方式予以应对。此外,新《公司法》第48条规定:“股东可以用货币出资,也可以用实物、知识产权、土地使用权、股权、债权等可以用货币估价并可以依法转让的非货币财产作价出资。”因此,在新《公司法》框架下,若公司既不希望减资,也不希望影响现金流,且公司股东持有符合出资要求的知识产权,那么可以考虑采用知识产权出资作价的形式进行补缴,以完成出资义务。

问 公司以知识产权作价出资的好处有哪些?

答 其好处众多,主要体现在以下几个方面:

1. 缓解企业以货币形式出资的资金压力,降低融资成本。对企业来说,经营过程中流动货币资金至关重要。通过知识产权作价入股,能够有效减轻以货币形式出资所带来的经济压力。

2. 有助于展示企业实力,增强企业竞争力。以知识产权出资的类型常见于专利权、商标权、著作权等,而这些恰恰能够体现一家企业的核心竞争力,增强客户对企业的直观印象,增加融资谈判筹码,提高企业估值。

3. 以知识产权出资的方式规范实缴后，能降低股东承担责任的风险。若公司在经营过程中产生债务，由于股东已按照相应规范履行了实缴义务，即便最终公司财产不足以清偿债务，股东也仅在其出资限额内承担有限责任，债权人无权要求股东另行承担责任。

4. 可以摊销节税，减轻企业的纳税压力。无形资产出资的部分可正常入账，分年摊销，从而帮助企业合理降低应纳税金额。

5. 对企业参与一些项目申报有益。例如，国家高新技术企业、国家技术创新示范企业等众多申报政策和奖补政策，都对公司的知识产权方面有要求。企业利用知识产权出资或增资，能够提升企业申报项目、申请奖补资金的成功率。

6. 优化企业财务结构。因为知识产权实缴出资能够增加企业的资产规模，降低资产负债率，优化财务结构。这些对科创型企业的融资、估值等均会产生积极正向的影响。

问 知识产权作价出资所需条件及流程有哪些？

答 以专利权实缴出资为例，专利权要进行出资需满足以下条件：

1. 专利权权属清晰，不存在权属纠纷或抵押、质押等情形。

2. 专利权权属归股东所有，这里的股东既可以是自然人，也可以是公司。但如果该专利权本身登记在待出资企业名下，则无法进行实缴出资。

3. 专利权有效。专利权授权之后存在无效宣告制度，其法律状态的稳定性至关重要。在作价入股时，专利不能被生效法律文书确定宣告无效，最好也不要被启动无效宣告程序。

4. 公司章程中须明确规定股东可以以专利权进行出资。这也提醒我们，在进行专利权实缴出资之前，要对公司章程的相关内容进行审核或修改。

在满足上述条件的情况下，可委托专业的无形资产评估机构对股东持有的专利权等知识产权进行评估，依据技术背景等实际情况进行估价定价，并出具相应的专利权资产评估报告。报告出具后，进入权属转移变更阶段，将已做好评估的专利权资产从股东名下转移到公司名下，即向国家知识产权局申请专利权属变更，完成专利权权属的转移。而后，需再委托专业的会计师事务所、审计事务所或具有其他验资资格的机构出具验资报告，提供会计凭证。最后，完成工商实缴变更程序，即携带相应的资产评估报告、产权过户审核报告、验资报告、变更登记申请书等材料，前往当地工商登记机关办理注册资本变更登记。工商登记机关审核通过后会出具核准通知书，并将公司的注册资本信息在国家企业信用信息公示网上进行公示。股东名下的专利权完成实缴出资程序后，该专利权权属也会转移至公司名下。

问 科创型公司在设立及运营时会面临什么知识产权风险？

答 对科创型企业而言，产品或服务尽快商业化落地以获取资金收益是首要任务，因此企业的所有资源都会向这一效益转换倾斜。在企业资金和人力紧张的情况下，往往会轻视知识产权方面的法律保护，减少在知识产权保护方面的投入或延缓相关行动，然而这常常会导致严重后果。例如，企业的知识产权权属不清，不仅可能侵犯他人权利，引发巨额赔付，还有可能被抢注或遭受侵权，严重的甚至会影响公司的正常经营与发展。所以，我们认为科创型企业在设立及运营过程中应注意以下风险：

首先，侵犯他人知识产权的风险。科创型企业成立之初，最大的潜在风险之一便是创始人前雇主的业务与新设立的科创型公司存在直接竞争关系。通常，创始人在设立企业之前就已开始构思业务或产品，此时创始人应当分析计划开展的业务和产品与前雇主之间是否会产生知识产权所有权纠纷，或者是否因受保密协议、竞业协议和劳动合同等约定的限制，而不能开展相关业务或产品。若创始人自身无法确定是否符合上述协议的要求，建议聘请法律专家或知识产权专家共同进行分析、评估。

其次，所招聘员工的知识产权审查也是科创型企业设立、运营时必须考量的重要环节。科创型公司招聘的员工通常是资深的业内专家，且可能来自竞争对手，所以在员工入职前后，一定要做好对其知识产权的审查工作。公司在招聘时可重点关注员工是否受到有约束力的竞业协议或条款的约束，必要时应要求新员工作出书面声明，表明其未利用上一家企业的任何商业秘密或专有技术，并承诺不使用本企业以外的任何商业秘密，以此为公司构筑一层法律屏障。

最后，知识产权管理与保护。在实践中，科创型公司设立之前，往往已经有一些相关业务、产品或技术在推进，如果这些与公司未来的业务直接相关，应尽量将这些活动中产生的知识产权成果转入、归集到新公司中。通常可运用股份转让、期权协议、采购合同等书面方式明确这些知识产权的归属，并采取必要的法律行动或程序，完成知识产权向新设公司的转移。并且，公司应对现有的知识产权权属进行详尽的尽职调查，通过梳理查询权属证书、权属取得过程中的历史文件等，核查知识产权的权属归属。若产生相关争议，应及时与争议方通过诉讼或和解方式确定知识产权的最终归属，避免科创型公司未来在这类问题的处理上付出高昂代价。

问 科创型企业上市时，保荐机构主要对企业知识产权的哪些方面进行评估？

答 首先，科创型企业上市的板块为科创板。从现行的审核要求和上市推荐指引等文件可以看出，科创板对企业的核心要求是“科技创新”，并为此设置了更具包容性的上市条件。虽然上市条件更契合科创企业的发展特点，但对企业科创能力的要求实际上更为严格。所以，对于希望进入科创板的企业来说，以“科技创新”为核心并不意味着仅拥有一些专利或掌握核心技术就能顺利在科创板上市，更为关键的是要重视并了解与知识产权相关的上市政策和规则，把握上市准备中的知识产权披露重点，知晓会影响上市的知识产权风险，并在前期做好充分准备。其中，科创板《上市推荐指引》特别要求保荐机构根据科技创新型企业的运行特点评估企业科技创新能力，并明确要求对以下事项重点关注：

自主知识产权的核心技术：主要关注核心技术是否权属清晰，是否处于国内或国际领先水平，是否成熟或者存在快速迭代的风险。

高效的研发体系：是否具备持续创新能力，是否具备突破关键核心技术的基础和潜力，包括但不限于研发管理情况、研发人员数量、研发团队构成及核心研发人员背景情况、研发投入情况、研发设备情况、技术储备情况。

市场认可的研发成果：包括但不限于与主营业务相关的发明专利、软件著作权及新药批件情况，独立或牵头承担重大科研项目情况，主持或参与制定国家标准、行业标准情况，获得国家科学技术奖项及行业权威奖项情况。

相对竞争优势：包括但不限于所处行业市场空间和技术壁垒情况，行业地位及主要竞争对手情况，技术优势及可持续性情况，核心经营团队和技术团队竞争力情况。

具备技术成果有效转化为经营成果的条件：是否形成有利于企业持续经营的商业模式，是否依靠核心技术形成较强成长性，包括但不限于技术应用情况、市场拓展情况、主要客户构成情况、营业收入规模及增长情况、产品或服务盈利情况。

服务于经济高质量发展：是否服务于创新驱动发展战略、可持续发展战略等国家战略，是否服务于供给侧结构性改革等。

上述重点事项涵盖了技术支撑、技术研发、权利享有、市场转化、行业情况等从技术诞生到市场转化的全流程，几乎覆盖了创新型企业发展的全部阶段，其中大部分评估重点都需依赖“知识产权”进行衡量。以专利技术为例，若某科创企业以专利技术为核心，为满足上述重点评估事项，必须依据以下因素进行综合考察：包括但不限于专利的数量、分布和质量，专利权属和诉讼情况，专利权人的情况，现有技术和专利的可维持性、同族专利情况、标准必要专利情况、与本专利相关的技术秘密信息保护等。只有全面考察该专利技术的价值，投资者才能在此基础上综合判断企业的未来估值走势。因此，科创板的《上市推荐指引》对技术和知识产权内容的要求，既源于该交易市场的定位需求，也借鉴了其他交易市场的要求与经验。此外，与创业板有关内容比较，在原《首次公开发行股票并在创业板上市管理暂行办法》第 14 条曾要求发行人应具有持续盈利能力，并强调不应存在“发行人在用的商标、专利、专有技术、特许经营权等重要资产或者技术的取得或者使用存在重大不利变化的风险”；现行的《首次公开发行股票并在创业板上市管理办法》为避免对发行人的盈利能力做判断或保证，连同上述提及知识产权的内容将原第 14 条一并删除。虽然不对盈利能力做保证或判断，但资本市场不会任由在知识产权上存在问题的企业钻空子。随着交易数量的增加，证监会对披露信息的要求会越来越严格规范，以便投资者能更充分地了解企业的知识产权风险和运营情况。

问 科创型企业在上市前应当如何提前做好知识产权布局？

答 从现有申请上市的企业情况来看，企业面临的主要问题包括：准备期间涉及专利纠纷，如遭受专利无效宣告、专利侵权诉讼等；接受问询后需要与相对方补充达成专利转让协议；域外专利的使用和风险情况补充说明；核心技术人员的竞业禁止；共有技术的使用；等等。其中许多问题需要长时间的应对和准备，有些问题甚至企业在创办之初就应考虑到，尤其是专利布局、专利可维持性、防范恶意无效诉讼、核心研发人员的发明归属、离职、竞业限制等问题，这些问题较为复杂。在此，我们提供如下思路供大家参考：

重视知识产权布局：知识产权布局是一个重大课题，实践中存在诸多难点问题。这里仅以专利为例进行简单介绍，以引起重视。首先，企业应当充分认识自身的核心竞争力，梳理企业内部的创新技术和行业发展情况，明确哪些适合作为商业秘密保护，哪些适合通过申请专利获得保护，即在技术方案的保护方式层面做好布局。确定哪些技术方案通过公开换取保护，即申请专利获得专有权保护，但会有一定保护期限，期限届满后进入公有领域；哪些经过评估难以被竞争对手反向工程破解的，通过建立保密制度、梳理及存证技术密点、建立商业秘密管理体系来进行保护。其次，对内部未申请的技术方案或已获得的专利进行分级保护。既要在申请上划定优先级，确保每个技术方案获得最优申请时间，又要对已获得的专利进行分级保护，对基础性、竞争对手无法绕开的专利给予优先保护。另外，对核心技术应当设置路障式专利，掌握基础或关键性技术。出于业务考虑，为防止他人进入市场，可考虑对改进发明、实现技术目标的其他技术方案申请专利，形成地毯式布局以阻止竞争者进入，确保企业的竞争优势地位。

完善并践行知识产权管理制度：对科创企业而言，知识产权的管理尤为关键。企业不仅需要拥有知识产权，更重要的是建立一套完善的知识产权管理制度。部分企业可通过贯标的方式，依据《企业知识产权管理规范》建立起管理体系并逐步改进。例如，在商标管理方面，企业需要进行商标注册、商标维护、监测近似商标、监测商标侵权等工作。在专利与技术方面，除前文提到的专利布局外，如何挖掘核心专利、了解现有技术发展、应对和提起专利侵权和无效、进行专利的转让和授权、开展新项目的专利预警分析、实施专利交叉许可等内容，均需要专门人员进行管理。否则，即便企业拥有一定数量的专利和技术，也可能因权利状态、归属、有效性等问题，在上市过程中暴露出难以控制的重大问题，导致上市受阻。

核心技术人员和研发团队安排：核心技术人员和研发团队是公司核心竞争力的基础，也是反映公司科创水平的重要指标。《上海证券交易所科创板股票上市规则》第 5.2.2 条规定："上市公司应当对业绩波动、行业风险、公司治理等相关事项进行针对性信息披露，并持续披露科研水平、科研人员、科研资金投入、募集资金重点投向领域等重大信息。”对企业来说，在组建研发团队之初，就应当与研发人员明确约定成果归属，签订保密协定、竞业禁止协议，确保技术人员的独立性和可靠性。此外，针对研发人员的股权激励计划应当完备，既要起到鼓励研发的作用，又不得损害投资者的利益。

多种方式处理诉讼纠纷：科创企业以“技术”为核心的特质，决定了其无法避免纷繁复杂的专利、商标、商业秘密等非诉或诉讼纠纷。希望在科创板上市的企业，需要综合运用多种方式，争取与竞争者实现双赢局面。例如，在应对专利无效时，企业既可以选择在行政程序或行政诉讼程序中通过有力抗辩维持专利权，也可以通过达成和解让对方撤回无效宣告申请；在被指控专利侵权时，可综合比较获得专利授权、购买对方专利、提起无效宣告或赔偿侵权损失的利弊，确定有效方案；权利人也可以及时提起侵权之诉，并结合运用行政手段制止竞争者抢占市场；面对新产品投放时的技术纠纷，可通过专利交叉许可、设立专利池等方式，避免与竞争者之间发起大规模的无效和侵权之诉。无论采取哪种方式应对纠纷，均应当以满足企业上市要求、保障上市后的市场表现为出发点。只有规范知识产权管理，充分保护和促进企业创新以及成果转化能力，才有可能让企业在科创板平台稳步前行。